edition suhrkamp

Redaktion: Günther Busch

Diese erstmals 1933 veröffentlichte Arbeit ist ein Grund- und Begründungstext soziographischer Forschung. Ihr Ziel war es, mit den Mitteln moderner Erhebungsmethoden ein Bild von der psychologischen Situation einer Arbeitslosenpopulation (Marienthal in Niederösterreich) zu gewinnen. Zwei Aufgaben mußten gelöst werden – eine inhaltliche: zum Problem der Arbeitslosigkeit Material beizutragen, und eine methodische: einen sozialpsychologischen Tatbestand umfassend darzustellen. Die Forschungsgruppe hat sich, nach einer längeren Vorbereitungsphase, einige Wochen in Marienthal aufgehalten. Das dort gesammelte Material (Ergebnisse von Interviews, Berichte von Betroffenen und Gemeindefunktionären, Tagebuchnotizen, Briefe, Beobachtungsprotokolle, statistische Daten) wurde in gemeinsamen Arbeitssitzungen der Forscher gesichtet, ausgewertet, analysiert. So entstand schließlich ein im großen und ganzen paradigmatisches Untersuchungsbild von konzentrierter Arbeitslosigkeit, ihren wirtschaftlichen, psychischen und sozialen Folgephänomenen, dessen Hauptmerkmale nach wie vor aufschlußreich sind für empirische Sozialforschung auf diesem Feld.

Marie Jahoda,
Paul F. Lazarsfeld, Hans Zeisel

Die Arbeitslosen von Marienthal

Ein soziographischer Versuch über
die Wirkungen langandauernder
Arbeitslosigkeit.
Mit einem Anhang zur Geschichte
der Soziographie

Suhrkamp Verlag

edition suhrkamp 769
2. Auflage, 9.-11. Tausend 1978

Satz, in Linotype Garamond, Druck und Bindung bei Georg Wagner, Nördlingen. Gesamtausstattung Willy Fleckhaus.

Inhalt

ANHANG: ZUR GESCHICHTE DER SOZIOGRAPHIE

Vorwort zur ersten Auflage

Das Ziel der vorliegenden Untersuchung war, mit den Mitteln moderner Erhebungsmethoden ein Bild von der psychologischen Situation eines arbeitslosen Ortes zu geben. Es waren uns von Anfang an zwei Aufgaben wichtig. Die inhaltliche: zum Problem der Arbeitslosigkeit Material beizutragen – und die methodische: zu versuchen, einen sozialpsychologischen Tatbestand umfassend, objektiv darzustellen. Als Untersuchungsort wählten wir Marienthal in Niederösterreich, das uns eine Reihe technischer Vorteile zu bieten schien. Eine nähere Charakteristik des Ortes geben wir im ersten Kapitel unseres Berichtes. Wir haben uns nach einiger Überlegung entschlossen, die Anonymität des Ortes nicht zu wahren und haben nur durch Veränderung von Namen und unwesentlichen Details die Identifizierbarkeit einzelner Personen verhindert.

Wir nennen unseren Bericht einen »soziographischen« Versuch und zeigen im Anhang in knappen Zügen die Entwicklung der soziographischen Methoden. Dort wird man auch ersehen, warum uns dieses Wort am ehesten geeignet scheint, unsere Arbeitsweise zu charakterisieren.

Unsere Untersuchung in Marienthal konnte mit einem Vorzug und mußte mit einem Nachteil rechnen, die heute alle intellektuelle Tätigkeit in Österreich charakterisieren. Wir meinen die große Zahl arbeitsfreudiger Mitarbeiter und den argen Mangel an Geld. Gelang alles gut, wo es der verständnisvollen Zusammenarbeit bedurfte, so stießen wir bald auf Grenzen, wo der Einsatz größerer materieller Mittel notwendig gewesen wäre.

Unter unseren Mitarbeitern war es vor allem Frl. Dr. Lotte Danziger, die wesentlich zum Gelingen der ganzen Arbeit beigetragen hat. Sie hat in den sechs Wochen, die sie in Marienthal gelebt hat, mit großer menschlicher Geschicklichkeit Kontakt gefunden und mit Fleiß und geschultem Verständnis alles grundlegende Material erhoben. Im Laufe der Verarbeitung haben wir dann immer wieder bei ihren feinen Beobachtungen und ihrem Überblick über den großen Stoff Hilfe gefunden.

Mit ihr haben gearbeitet: Herr Erich Felix und Herr Franz Zdrahal, die vor allem die schwierige Verbindung mit den politischen Gruppen aufrechterhalten haben, Frl. Marie Deutsch, Frl. Elfriede Guttenberg, Frl. Hedwig Deutsch und Herr Karl Hartl. Den Ärzten Dr. Josefine Stroß, Dr. Clara Jahoda, Dr. Kurt Zinram und Dr. Paul Stein danken wir für die Abhaltung ärztlicher Sprechstunden; dem letzteren auch für eine Hilfsaktion, die er auf unsere Anregung hin organisiert hat. Nicht zuletzt gilt unser Dank den Marienthalern selbst, insbesondere ihrem Bürgermeister Josef Bielkowski und seinen engeren Mitarbeitern, den Herren Rudolf Kappel, Karl Haudek und Franz Solar; aber auch den vielen, die uns durch ihre, zuweilen recht mühsame, Hilfe und ihr wohlwollendes Verständnis für unsere Arbeit unterstützt haben.

Die finanziellen Mittel für unsere Erhebung wurden durch die Wiener Arbeiterkammer und durch einen Rockefeller-Fonds, der unter der Verwaltung von Herrn und Frau Professor Dr. Bühler steht, aufgebracht. Sie haben uns durch ihr Vertrauen die Möglichkeit zu dieser Arbeit gegeben.

Da der Text, wie er hier vorliegt, immer wieder umgearbeitet wurde, läßt sich der Anteil der Autoren und des Herausgebers an ihm nicht trennen, denn Herr Dr. Paul Lazarsfeld, bei dem die Gesamtleitung der Untersuchung lag, hat auch die Anordnung und Formulierung der Ergebnisse dauernd beraten.

Wien, im März 1933

Dr. Marie Jahoda Dr. Hans Zeisel

Vorspruch zur neuen Auflage

Auf dem internationalen Soziologen-Kongreß, der 1959 in Stresa abgehalten wurde, berichteten Vertreter von zwölf Ländern über die Lage der Soziologie in ihrer Heimat. Ein großer Teil der Redner betonte die rasche Zunahme von empirischen Spezialuntersuchungen. Diese Arbeiten wurden allgemein als Soziographien bezeichnet, und die meisten Referenten sprachen von ihnen mit spürbarer Ambivalenz wie von amerikanischen Importationen.

Besonders in Deutschland ist in den letzten Jahren die Zahl quantitativ orientierter Monographien stark angewachsen. Gleichzeitig sehen viele deutsche Kollegen diese Entwicklung als eine bedenkliche »Amerikanisierung« an. Die Beziehung zwischen verschiedenen soziologischen Methoden und ihre Verflechtung mit nationalen Traditionen sind gewiß ein wichtiges Problem; aber man sollte der Versuchung widerstehen, es in die Form von vereinfachten Stereotypen zu gießen. Die Wiederherausgabe der *Arbeitslosen von Marienthal* gibt Gelegenheit zu einigen Bemerkungen über dieses Thema: denn die Studie entstand am Kreuzungspunkt einer Reihe von Strömungen, deren Erwähnung die heutige Situation vielleicht besser verstehen läßt.

Bis zum Beginn des zwanzigsten Jahrhunderts waren die meisten deutschen Soziologen mit der Ausarbeitung begrifflicher Systeme beschäftigt. Das Material, mit dem sie arbeiteten, war entweder historischer Natur oder es bestand aus gelegentlichen Beobachtungen des täglichen Lebens. Am Beginn dieses Jahrhunderts trat die Frage der Empirie in zwei verschiedenen Formen auf. Eine war die Auseinandersetzung mit der Statistik. Die amtliche Erfassung von Daten hatte große Fortschritte gemacht, und ganze Systeme waren vorhanden, mit dem Hauptzweck, Gebiete abzutrennen wie Moral-Statistik, politische Statistik und so weiter. Soziologen machten von diesem Material wenig Gebrauch. Im Jahre 1912 schrieb der später führende Statistiker Franz Zizek eine kleine Abhandlung, in der er auf diesen Mangel hinwies und ein Programm für Zusammenarbeit entwarf.[1]

Die Schrift ist noch heute lesenswert, weil sie viel interessantes historisches Material enthält. Aber soweit man sehen kann, hat sie die führenden Tendenzen der damaligen Soziologie nicht beeinflußt.

Angesichts der ausgezeichneten Entwicklung der deutschen Sozialstatistik ist diese Distanz erstaunlich und verdient ein eingehenderes Studium. Zizek schrieb sie einer organistischen Tradition der deutschen Soziologen zu. Man soll aber die ambivalente Rolle Max Webers dabei nicht vergessen. Es wird oft darauf hingewiesen, daß Weber im Rahmen des »Vereins für Sozialpolitik« an der ersten deutschen Enquête über die Berufsauslese der Arbeiter mitwirkte, eine Episode, die im historischen Anhang der vorliegenden Arbeit kurz beschrieben wird. Man übersieht aber, daß Weber sich mit Enttäuschung von diesem Unternehmen abwendete. Nachdem er den ganzen Plan im Jahre 1908 ausgearbeitet und eine eindrucksvolle Arbeit über *Psychophysik der menschlichen Arbeit* dazu beigetragen hatte, verlor er offenbar alles weitere Interesse. Keine der einzelnen Untersuchungen weist Spuren seiner Mitarbeit auf; er gab später grobe statistische Fehler zu, auf die ihn Bortkiewitz aufmerksam machte, und 1911, auf der Nürnberger Tagung des Vereins, sprach er sich mit großer Skepsis über die Ergebnisse der ganzen Enquête aus. Daß er sich später völlig auf historische Untersuchungen konzentrierte, hat mit Hinsicht auf seine überragende Autorität ohne Zweifel zur Vernachlässigung quantitativer Untersuchungen bei deutschen Soziologen viel beigetragen.

Die Verbindung von theoretischen Überlegungen und systematischen Beobachtungen wurde, soviel ich weiß, zuerst von Ferdinand Tönnies aufs Tapet gebracht. Um 1900 schlug er die Gründung von »soziologischen Observatorien« vor. Kurz vor dem Ersten Weltkrieg übernahm er von dem Holländer Steinmetz den Ausdruck »Soziographie«. Der Grundgedanke war, daß die systematische Soziologie konkretes Material brauche, das nach bestimmten Methoden gesammelt werden muß.

Der Ausbruch des Krieges unterbrach diese Entwicklung. Die Sitzungsberichte des dritten und vierten deutschen Soziologentages (1922 und 1924) erwähnen keinerlei empirische Untersuchungen. Aber schon 1926 existierte eine Untergruppe für »Beziehungslehre«, in deren Rahmen Steinmetz einen kurzen Vortrag hielt; er meinte, »die Soziologie läuft Gefahr, den Kontakt mit der Wirklichkeit zu verlieren, [...] die Soziographie stellt sich ihrer Aufgabe gemäß immer der echten, vollen Wirklichkeit gegenüber. [...] sie bietet Material-Sammlungen.« Endlich, im Jahre 1930, gab es eine eigene Untergruppe für Soziographie, in der Tönnies selbst in einem Referat das Wort ergriff. Eine lange Diskussion zeigte, daß niemand mehr an der Wichtigkeit empirischer Untersuchungen zweifelte: Meinungsverschiedenheiten bestanden nur in bezug auf die Stellung der Soziographie im System der Sozialwissenschaften. Die Machtübernahme durch die Nationalsozialisten schnitt ein zweites Mal die Entwicklung einer deutschen Soziographie ab.

Ohne Zweifel wußten wir in Wien von diesen Diskussionen; aber als ich 1930 die Pläne für die Marienthaler Studie zu entwickeln begann, waren zwei andere Einflüsse maßgebend, und beide müssen aus dem damaligen Wien heraus verstanden werden. Zu Anfang der zwanziger Jahre waren wir überzeugt, daß die Reformen der Gemeinde Wien auf sozial- und schulpolitischem Gebiet den Beginn der neuen Zeit bedeuteten. Doch am Ende dieses Jahrzehnts war es schon klar, daß die Entwicklung eine ganz andere und von unserem Standpunkt aus sehr bedenkliche Richtung genommen hatte. Auf viele von uns hatte das die Wirkung, daß wir uns für alles interessierten, was die Enttäuschung unserer Hoffnungen erklären konnte. Ich erinnere mich einer Bemerkung, daß die heraufziehende Revolution vor allem Nationalökonomen brauche (ein Hinweis auf die sozialistische Vorkriegs-Literatur); daß die siegreiche Revolution sich auf Ingenieure stütze (eine Anspielung auf Rußland); und daß die verlorene Revolution aus uns Sozialpsychologen gemacht habe. Unter Sozialpsychologie verstanden wir das quantitative Studium von Massenerscheinungen. Das war die Zeit, in der Otto Neurath sein Wirtschaftsmuseum gründete, in welcher der *Kampf*, das Diskussionsorgan der Sozialdemokratischen Partei, nach jeder Wahl Dannenbergs bahnbrechende statistische Wahlanalysen veröffentlichte und in der periodische Fragebogen-Untersuchungen über Mittelschüler und jugendliche Arbeiter gang und gäbe waren. Unsere Faszination von quantitativer Sozialpsychologie nahm schließlich eine feste organisatorische Form an. Als Assistent am Psychologischen Institut der Wiener Universität erhielt ich die Erlaubnis, eine »Wirtschaftspsychologische Forschungsstelle« zu gründen: eine ihrer Publikationen ist die vorliegende Studie.

Und hier kommt der zweite Einfluß ins Spiel. Am Institut ihres Gatten entwickelte Frau Professor Charlotte Bühler ein entwicklungspsychologisches System, das den ganzen menschlichen Lebenslauf umfaßte. In bezug auf Kinder leitete sie zahlreiche Experimente, und für Erwachsene analysierte sie Biographien. Rückblickend kann man sagen, daß sie zwei heute führende Ideen um Jahrzehnte vorwegnahm. Eine ist die konkrete Beobachtung von zwischenmenschlichen Beziehungen. Unabhängig von Leopold von Wieses Werk kategorisierte sie, wie Kinder voneinander Kenntnis nehmen, miteinander spielen, zeitweilige Rangordnungen eingehen usw. Die meisten Begriffe, die jetzt in den Vereinigten Staaten als »social relations« zusammengefaßt werden, kommen in den Tabellen von Charlotte Bühlers *Zur Soziologie und Sozialpsychologie des ersten Lebensjahres* vor. Für Jugendliche und Erwachsene entwickelte sie Kategorien der Zielsetzung wie Leistungswillen, Expansion, Selbsterfüllung. In Tagebüchern und Briefen fand sie Kriterien, mit deren Hilfe die Variation solcher Einstellungen zwischen Personen und zwischen Lebensaltern präzise verfolgt werden konnte.[2] Die Wirkung dieser Arbeiten auf die Marienthaler Studie ist auf den letzten Seiten des Anhangs angedeutet. Wir konnten uns nicht damit begnügen, Verhaltens-Einheiten einfach zu »zählen«; unser Ehrgeiz war es, komplexe Erlebnisweisen empirisch zu erfassen. Der oft behauptete Widerspruch zwischen »Statistik« und phänomenologischer Reichhaltigkeit war sozusagen vom Anbeginn unserer Arbeiten »aufgehoben«, weil gerade die Synthese der beiden Ansatzpunkte uns als die eigentliche Aufgabe erschien.

Es ist nicht verwunderlich, daß wir wenig von der deutschen Fachsoziologie beeinflußt waren. An der Wiener Universität lehrten Othmar Spann und Max Adler, die von entgegengesetzten Enden des politischen Spektrums her ausschließlich mit philosophischen Aspekten des Gesellschaftsproblems beschäftigt waren. Empirische Soziologie gab es nicht, und die Verbindung mit dem Reich war nicht sehr eng. Meine Marienthaler Mitarbeiter und ich waren ohne Zweifel Soziologen im heutigen Sinn. Aber wir betrachteten uns als Sozialpsychologen, die ihre Arbeit in einem politischen Rahmen durchführen wollten. Wenn man Politik im weitesten Sinn nimmt, als Befassung mit grundlegenden gesellschaftlichen Fragen, dann war die Wiener Kombination eine Art Vorläufer von dem, was Soziologie heute geworden ist.

Die Einleitung zu unserem Bericht erzählt von unserem Beschluß, die Lücke zwischen den nackten Ziffern der Statistik und den zufälligen Eindrücken der sozialen Reportage auszufüllen. Die Tatsache, daß wir uns unsere Position von Grund auf improvisieren mußten, hat, im Rückblick gesehen, ohne Zweifel Früchte getragen. Wir versuchten, die Arbeitslosigkeit von allen Seiten zu erfassen. Drei Paare von Daten spielten in unserem Denken eine besondere Rolle. a) »Natürliche Quellen« wie die Buchhaltung des Konsumvereins (S. 48 f.), Bibliothekstatistiken, Wahlziffern (S. 57 ff.) wurden ebenso herangezogen wie Mahlzeitberichte und Zeitverwendungsblätter, die wir für unsere Zwecke speziell sammelten. b) Das andere Paar war entlang der Achse »subjektiv-objektiv« gedacht. Objektive Indikatoren waren Gesundheitsstatistiken (S. 53), Messungen der Gehgeschwindigkeit (S. 83 f.); subjektiv waren die Äußerungen, die in persönlichen Interviews gesammelt wurden und z. B. die Grundlage für die Statistik der Haltungstypen bildeten, die in der Studie eine große Rolle spielen. c) Die dritte Dimension war: Statistik und einfühlende Beschreibung von Einzelfällen, die der Leser in jedem Kapitel der Studie finden wird. Es ist im Auge zu halten, daß objektives ebenso wie subjektives Material sowohl statistisch wie »klinisch« behandelt werden kann.

Es ist der Mühe wert, das Schicksal dieser Gedanken in den letzten 30 Jahren zu verfolgen.

(a) Unter dem Einfluß amerikanischer »surveys« war die

Heranziehung von »natürlichen« Daten, solcher, die im normalen Verlauf des sozialen Lebens eine Niederschrift finden, eine Zeitlang sehr vernachlässigt. Die Technik des Samplings und des Fragebogens entwickelte sich so rasch und war so neu, daß sie in den Hintergrund rückte, was man von anderen Quellen wie Gemeinde- oder Gerichtsdokumenten, kommerzieller Buchhaltung, Schulstatistiken usw. lernen konnte. Vor dreißig Jahren wußten wir nicht, daß man eine Hostilitäts-Skala entwickeln kann. Das zwang uns, erfinderisch zu sein, und die Zahl der anonymen Anzeigen über Schwarzarbeit als Zeichen der steigenden Hostilität zu verwenden (S. 62). Eine Kombination dieser beiden Typen von Daten ist erst neuerdings ein Gegenstand besonderer Aufmerksamkeit geworden.[3]

(b) Daß das, was Menschen fühlen, ebenso wichtig ist wie das, was sie tun, ist jetzt wohl als ein Axiom der Sozialforschung anerkannt. Hier ist auch der Punkt, an dem die letzten Jahrzehnte den weitestgehenden technischen Fortschritt gebracht haben. Die Methoden des amerikanischen »attitude-measurement« hatten ihren Anfang gerade zur Zeit der Marienthaler Untersuchung. Heute würde man eine Einstellung wie »Hoffnungslosigkeit« viel genauer erfassen, als wir es getan haben, und zu verfeinerten Resultaten kommen. Die einschlägigen Verfahren sind in vielen Lehrbüchern dargelegt; ich kann sie deshalb als bekannt voraussetzen. Es verdient aber einige Beachtung, daß wir die spätere Idee der »projective tests« schon damals im Prinzip anwendeten. Um zu zeigen, daß die Arbeitslosigkeit der Eltern sich auf das Seelenleben der Kinder auswirkte, benutzten wir Listen von Weihnachtswünschen und die grammatische Form ihrer Berufspläne (S. 75 f.).

(c) Wo immer möglich, verbanden wir die qualitative Einzelbeobachtung mit objektiven Faktoren: die Feiertagsbedeutung der Unterstützungsauszahlung wird durch Statistiken über das Gabelfrühstück belegt (S. 37). Inventare der Zeitverwendung werden verbunden mit individuellen Beschreibungen des »Zeitverfalls« (S. 88 ff.). Die qualitativen Haltungstypen, an Einzelfällen beschrieben, werden belegt durch ihre Korrelation mit dem Gesundheitsstand der Kinder und der Höhe der Arbeitslosen-Unterstützung (S. 96 ff.).

Im letzten Kapitel beschreiben wir an einigen Einzelfällen die Wirkung der Arbeitslosigkeit auf das Verhältnis von Ehegatten zueinander. Nur in der Form von Hypothesen konnten wir damals daran statistische Erwartungen knüpfen. Diese wurden später von einer amerikanischen Kollegin überprüft und im allgemeinen richtig befunden.[4]

Bisher habe ich die Art des Materials im Auge gehabt, das wir gesammelt haben. Aber es gibt noch einen zweiten Gesichtspunkt, von dem aus mir die Marienthalter Untersuchung auch heute noch interessant erscheint, und das ist die Methode der Interpretation. Begriffe wie die »müde Gemeinschaft«, die »Schrumpfung des psychologischen Lebensraums«, der »Zusammenbruch der Zeitstruktur« gehen selbstverständlich über die konkreten Daten weit hinaus. Diese generalisierenden Formeln sind meiner Ansicht nach ein sehr europäisches Produkt. Hätte die deutsche Soziographie ihre eigene Entwicklung gefunden, wäre das eines ihrer wesentlichen Merkmale geworden. Ich schließe das aus den zeitgenössischen Arbeiten, die ich gelegentlich zu Gesicht bekomme. In der Abhandlung von Kluth über das Verhältnis junger Leute zum Staat und zur Politik sind isolierte Daten von Erhebungen so zusammengefaßt, daß sie wirklich ein Bild der »diffusen politischen Erfahrungswelt« der Jugendlichen geben. Rosenmayrs Interviews mit alten Leuten in Wien führten zur Idee, daß sie »Intimität à la distance« suchen. Renate Mayntz in ihrer Studie über Parteigruppen in der Großstadt interpretierte Ziffern über die Verbandszugehörigkeit von Politikern als einen Versuch, ihre »Sichtbarkeit« zu erhöhen.

Es ist nicht leicht, die methodologische Eigenart solcher integralen Interpretationen zu »explizieren«. Die Basis ist immer eine Reihe von spezifischen, quantitativen Daten. Das Gemeinsame an ihnen ist herausgearbeitet und dann in ein Begriffsbild so zusammengefaßt, daß man weitere Folgerungen ableiten kann; nicht mit logischer Notwendigkeit, aber mit großer Plausibilität und geleitet von zusätzlichem Wissen und allgemeiner Erfahrung. Es handelt sich nicht um eine Theorie, eine Zurückführung auf andere Gesetze oder präzise Zusammenhänge; es ist vielmehr ein Zwischending zwischen einer Analogie und dem, was man heute ein

Modell nennt.

Vielleicht ist es am besten, die Idee an einem Beispiel zu erklären – an der »Schrumpfung der psychologischen Umwelt«, die in unserem Buch eine zentrale Rolle spielt. Diese Formel geht zurück auf eine vergleichende Untersuchung über bürgerliche und proletarische Jugend, mit der ich ein paar Jahre vor Marienthal beschäftigt war.[5] Dort hatte ich eine größere Reihe von empirischen Untersuchungen dahin zusammengefaßt, daß die frühere Berufsarbeit den jugendlichen Arbeiter jener Quellen an Energien, Umwelt-Erweiterungen und Zielsetzungen beraubt, die zu speisen die Funktion der Pubertät in der freien Entwicklung ist (S. 60 ff.). Lassalles »verdammte Bedürfnislosigkeit der Arbeiter« oder – um einen späteren Ausdruck Kurt Lewins zu gebrauchen – ihr niedriges »Anspruchsniveau« schien mir damit erklärlich. Unsere Daten über die Wirkung der Arbeitslosigkeit deuteten auch in die Richtung einer solchen Reduktion. Als ich 1933 in die Vereinigten Staaten kam, lag mir daran, meine neuen Kollegen vom Werte solcher Leitformeln zu überzeugen. Die Tradition des amerikanischen *survey* war mehr geneigt, die einzelnen Resultate unverbunden miteinander vorzubringen. Durch einen glücklichen Zufall fand ich eine Untersuchung, die die »Nützlichkeit« unseres Verfahrens zeigte. Ich zitierte aus einem Vortrag, den ich damals hielt: »Es gehört zu den aufgestellten Kriterien der Resignation, daß die Leute in dieser Haltung für den allerengsten Kreis, der sie umgibt, noch sehr wohl sorgen. Die Zimmer sind in Ordnung, der geringe Besitz wird peinlich verwaltet – haben wir doch bei der Inventuraufnahme einen Arbeiter gefunden, der 15 Westen, die sich im Laufe der Jahre bei ihm angesammelt haben, sorgfältig in seinem Kasten aufbewahrt. Die Kinder sind relativ gepflegt in dem Alter, in dem sie dem verkleinerten Aktionsbereich der Eltern noch nicht zu entlaufen pflegen, also etwa bis zum Beginn der Schule. Nun hat eine Untersuchung im Mulberry Distrikt in New York über den Zusammenhang von Arbeitslosigkeit und Krankheit das folgende Resultat ergeben: Im allgemeinen steigt die Zahl der Krankheitsfälle mit verschärfter Arbeitslosigkeit; nur bei den Kindern unter 6 Jahren liegt die umgekehrte Relation vor: deren Gesundheitszustand ist besser in den schwerer von der Arbeitslosigkeit betroffenen Familien als in den anderen.«

Hier wurde ein paradoxes Resultat durch eine allgemeine Leitformel verständlich, die in einer Entfernung von 4000 Meilen entwickelt worden war. – Der Begriff einer »psychologischen Reichweite« hat sich später auf den verschiedensten Gebieten weiter bewährt. Mein Kollege Merton hat in einer Untersuchung von Personen, die in ihrer Stadtgemeinde einflußreich waren, zwei Typen unterschieden: Locals und Cosmopolitans.[6] Die letzteren brachten die Ideen der Außenwelt zu ihren Mitbürgern, während die ersteren vor allem in lokalen Angelegenheiten maßgebend waren. Später wurde derselbe Unterschied auf Berufsuntersuchungen ausgedehnt: Der Industrie-Chemiker, der sich vor allem für seinen Betrieb einsetzte, und der, dem sein Fachgebiet das Wichtigste ist – und so weiter. Schließlich wurde der Gedanke wieder in Untersuchungen über soziale Stratifikation aufgenommen. In einer Übersicht über die Resultate von Erhebungen über öffentliche Meinung und über »Communications habits« hat Knüpfer[7] die folgende Zusammenfassung gegeben: »Hand in Hand mit psychologischer Restriktion geht ökonomische Benachteiligung: Unterwürfigkeit und grobe Informationslücken. Dies führt zu einem Mangel an Selbstbewußtsein und zu einer Entfremdung von unserer bürgerlichen Zivilisation, die weit über das hinausgeht, was die reduzierten Erfolgschancen des Arbeiters objektiv erklären könnten.«

Ich habe die Geschichte dieser Leitformel etwas ausführlicher dargelegt, weil sie mir charakteristisch zu sein scheint für die Beziehung zwischen deutscher und amerikanischer Soziologie. Das ist die Frage, die ich noch ein wenig verfolgen will.

Vor dem Ersten Weltkrieg war die deutsche Soziologie bereit, die Soziographie ernst zu nehmen. Während der folgenden zehnjährigen Unterbrechung der meisten akademischen Arbeitsmöglichkeiten begann sich die Soziographie unter verschiedenen Namen in Amerika stark zu entwikkeln. Aber – mit wenigen Ausnahmen, wie der Lynds Middletown – blieben die amerikanischen Untersuchungen hier atomisiert und deskriptiv. In Deutschland wurde nach dem

Ersten Weltkrieg das Thema langsam wieder aufgenommen und führte zu einer starken Betonung begrifflicher Momente. Die Kölner Studenten, die unter von Wieses Leitung ihre Ferien mit Beobachtungen in Dörfern verbrachten, sahen ihre Aufgabe im wesentlichen darin, die Konzepte der Beziehungslehre in der Realität aufzuweisen; und wir Wiener wollten zeigen, daß komplexe sozialpsychologische Begriffe quantitativ faßbar sind – eine typische Kombination des Einflusses der Bühlers und des logischen Positivismus, repräsentiert durch den »Wiener Kreis«. Dann kommt die zweite Unterbrechung im Jahre 1933. Auswanderer nach Amerika haben einen großen Einfluß auf die dortige Entwicklung. Marie Jahoda, bis vor kurzem Professor an der New York University – sie lebt jetzt in England –, ist maßgebend in den zahlreichen Untersuchungen, die das Institute of Mental Health organisiert;[8] Theodor W. Adorno und Else Frenkel-Brunswick sind die Hauptmitarbeiter an der *Autoritären Persönlichkeit;* Schüler von Kurt Lewin sind führend im größten amerikanischen Survey Center an der University of Michigan. Die amerikanische empirische Soziologie hat heute erfüllt, was man im deutschen Sprachgebiet um 1930 als eine Zukunftshoffnung angesehen hatte.[9]

Und trotzdem, wann immer ich mit deutschen und österreichischen Kollegen spreche, fühle ich ein gewisses Mißbehagen über »Amerikanismus« in der Soziologie. Sogar ein Autor wie Schelsky, der selbst Surveys geleitet und benutzt hat, zeigt seine Ambivalenz in einer vermutlich unbeabsichtigten Weise; wenn er auf subtilere statistische Analysen hinweisen will, nennt er es »durch die Korrelations-Mühle drehen«. Wie läßt sich das erklären? Es liegt hier, glaube ich, ein doppeltes Mißverständnis vor.

Eines hat mit der Struktur der amerikanischen Literatur zu tun. Die europäischen Kollegen lesen hauptsächlich Zeitschriften. Diese aber sind gewöhnlich Jahre hinter den wesentlichen Entwicklungen an den Universitäten zurück. Man darf nicht vergessen, daß wir in den Staaten ungefähr 3000 lehrende Soziologen haben; die Majorität entspricht deutschen Studienräten, und sie sind es, die meistens in den Zeitschriften schreiben. Die Professoren an den »Graduate Schools« (die den deutschen Universitäten entsprechen) sind mit größeren Projekten beschäftigt, deren Resultate oft nur aus Büchern zu ersehen sind, diese aber werden im Ausland wenig gelesen. Stouffers *American Soldier*, Lipsets *Union Democracy*, Gross' *Exploration in Role Analysis* und eine eben erschienene Studie, die eine Gruppe von Kollegen in Cornell über »student values« angestellt haben, sind klassische Kombinationen von statistischer Technik und begrifflichem Scharfsinn.[10] Ich verstehe wohl, daß es schwer ist für Europäer, aus der Flut von amerikanischen Publikationen die wertvollen Einzelwerke herauszugreifen. Aber irgendwie muß diese Aufgabe gelöst werden, sonst wird sich keine wertvolle Zusammenarbeit entwickeln können.

Das zweite Mißverständnis hängt mit der Beziehung zwischen kommerziellen Zentren und Universitätsinstituten zusammen. In Deutschland sind amerikanische Methoden in den letzten Jahren vor allem von unabhängigen Meinungs- und Marktforschungs-Instituten aufgegriffen worden. In den Vereinigten Staaten besteht eine engere Zusammenarbeit zwischen solchen Stellen und einer Reihe von Universitäten. Das Bureau of Applied Social Research an meiner Universität z. B. engagiert kommerzielle Organisationen für die Durchführung von Massenerhebungen, die wir planen und deren Resultate wir analysieren. Die kommerziellen Institute sind dadurch viel stärker akademischem Einfluß ausgesetzt. Es ist eine Art Symbiose, in der die Akademiker die intellektuelle und die Praktiker die technische Seite derselben Probleme behandeln. Ich habe den Eindruck, daß in Deutschland eine größere Entfernung oder sogar Spannung zwischen diesen zwei Gruppen besteht, die die akademischen Kollegen dann in einen amerikanisch-deutschen Gegensatz umdeuten.[11]

Aber das erklärt noch nicht alles. Viele deutsche Kollegen haben das Gefühl, daß sich die amerikanische Soziographie nur mit belanglosen Spezialproblemen befaßt. In gewisser Hinsicht ist dieses Gefühl sicher richtig: die deutsche Soziologie ist traditionell mehr mit größeren historischen Perspektiven befaßt als die amerikanische, ein Faktum, das auch von manchen amerikanischen Kollegen beklagt wird. Das Problem, das ich meine, ist aber nicht die Wahl »Soziographie« oder makroskopische gesellschaftstheoretische Reflexionen. Die Frage ist, ob man innerhalb der Soziographie signifikantere Probleme untersuchen kann. In gewissen historischen Situationen ist das ohne Zweifel der Fall. In Polen gibt es z. B. heute eine Soziographie, die sich eng an die Planwirtschaft anschließt und schon zu sehr signifikanten Resultaten geführt hat. Kurz vor Hitler hat die Frankfurter Gruppe um Horkheimer das Thema *Autorität und Familie* formuliert und eine historische Situation in ein empirisches Problem umgesetzt, das noch immer in der Sozialforschung wirksam ist. Arbeitslosigkeit bot eine ähnliche Gelegenheit. Aber wie oft kommen solche vor? Wenn es sich um Alltagsprobleme handelt, sehe ich nicht, daß das Bedürfnis nach Signifikanz sich leicht in die Tat umsetzen läßt. Die große Zahl mittelmäßiger amerikanischer Monographien soll nicht die Tatsache verdrängen, daß das Niveau der besten von ihnen heute nirgendwo in Europa erreicht ist. Was oft fehlt, sind Ideen darüber, welche konkreten Situationen Gelegenheit für mehr grundlegende Untersuchungen geben könnten. Nichts wäre mehr erwünscht, als wenn europäische Wissenschaftler sich als einfallsreicher herausstellen würden.

Etwas Ähnliches gilt für den Einwand, daß die meisten Soziographien ohne Rücksicht auf Geschichte konzipiert sind. Das ist richtig, aber auch hier muß man sich der Schwierigkeiten bewußt sein. Es ist leicht, jeder Arbeit ein paar Seiten voranzuschicken, die erzählen, wie es früher gewesen ist. Aber wirklich den Einfluß der Vergangenheit auf die Gegenwart nachzuweisen, ist eine schwierige Aufgabe, die wohl der Mitarbeit von Fachhistorikern bedarf. Ich kenne wenige europäische Arbeiten, wo der Versuch gelungen ist; die Sammlung von Rosenmayrs Arbeiten über Wiener Wohnungsverhältnisse, die bald herauskommen soll, wird vermutlich eine solche Ausnahme sein.

In der vorliegenden Studie haben wir wiederholt Vergleiche mit der Vergangenheit des ganzen Ortes und einzelner Familien herangezogen. Aber es erscheint mir zweifelhaft, ob wir damit wirklich eine historische Dimension hinzugefügt haben. Vielleicht soll man die Relation zwischen Soziographie und Geschichte teilweise in einer umgekehrten Richtung sehen: die apathisierende Wirkung der totalen

Arbeitslosigkeit hilft rückblickend verstehen, warum die Führer-Ideologie des heraufziehenden Nationalsozialismus so erfolgreich war. Andererseits waren wir ohne Zweifel geschichtsbewußt in bezug auf unsere methodische Lage. Der Anhang über die Geschichte der Soziographie könnte heute an vielen Punkten ergänzt und an einigen korrigiert werden. Wir haben ihn aber nicht verändert, weil es vielleicht an sich interessant ist, zu wissen, wie uns die Vorgeschichte erschien zu einer Zeit, da wir, ohne es zu wissen, an der Schwelle eines großen Aufschwungs standen.

Die Ausdehnung der Sozialwissenschaften geht heute so rapid vor sich, daß man manchmal besorgt sein kann, ob nicht zuviel von uns erwartet wird. Die spezifischen Vorteile verschiedener Traditionen müssen miteinander verbunden werden, wenn wirklich wertvolle Arbeiten zustande kommen sollen. Die Soziologie in den Vereinigten Staaten bietet ihre verfeinerte Technologie und ihre methodologische Selbstbestimmung an. Die Deutschen haben ihre Erfahrung in Phänomenologie und Introspektion beizutragen. Die Franzosen haben ein besonderes Verständnis für die klassenpolitischen Hintergründe soziologischer Phänomene. Die zwei revisionistischen Staaten hinter dem Eisernen Vorhang lehren uns neue Zusammenhänge zwischen ökonomischen Problemen und soziographischen Daten. Es gibt so viel zu tun, daß man nicht seine Zeit mit »Methodenstreit« vergeuden soll. Eine integrale Soziologie wird mit allen empirischen und analytischen Mitteln an konkrete Probleme herangehen und dadurch eine realistische Synthese finden. Ich bin dem Verlag für Demoskopie dankbar für die Besinnung, zu der mich das Schreiben dieses Vorworts zwang. Was als eine »recherche du temps perdu« begann, endete mit einem optimistischen Gefühl über die Zukunft der Soziographie als Beruf.

Columbia University
New York
Frühjahr 1960

Paul Lazarsfeld

Einleitung

Was wissen wir über Arbeitslosigkeit? Es gibt statistische Nachweisungen über den Umfang der Arbeitslosigkeit und das Ausmaß der Unterstützung, gelegentlich verbunden mit eingehender Gliederung nach Alter, Geschlecht, Berufsaufbau und Lokalverhältnissen; und es gibt soziale Reportagen: Zeitungen sowohl wie namhafte Schriftsteller haben mit größter Wirkung das Leben der Arbeitslosen geschildert, haben es in Beispielen und Bildern der noch nicht betroffenen Öffentlichkeit nahegebracht. Zwischen den nackten Ziffern der offiziellen Statistik und den allen Zufällen ausgesetzten Eindrücken der sozialen Reportage klafft eine Lücke, die auszufüllen der Sinn unseres Versuches ist.

Was uns vorschwebte, war eine Methode der Darstellung, die die Verwendung exakten Zahlenmaterials mit dem Sicheinleben in die Situation verband. Dazu war folgendes notwendig: wir hatten so engen Kontakt mit der Bevölkerung Marienthals zu gewinnen, daß wir kleinste Einzelheiten ihres Lebens erfahren konnten; und zugleich mußten wir jeden Tag so erfassen, daß er objektiv-formulierbar wurde; schließlich war das Ganze in einen Zusammenhang zu bringen, so daß alle Details sich als Ausdruck einer möglichst kleinen Zahl von Haupttatsachen übersehen ließen. Man wird im Verlauf unseres Berichtes erkennen, wie wir ein umfassendes Inventar des Lebens in Marienthal zu erhalten und dabei Komplexe psychologischer Tatbestände in objektiven Kriterien und zahlenmäßig belegt herauszustellen versucht haben. Wir sind alle Wege gegangen, die uns unserem Gegenstand näherbringen konnten. Das Erlebnis der Arbeitslosigkeit trat uns in den Mitteilungen der Arbeitslosen selbst entgegen: in ihren gelegentlichen Äußerungen, in ausführlichen Antworten auf unsere Fragen, in den Erzählungen der Gemeindefunktionäre, in zufällig gefundenem Tagebuch- und Briefmaterial. Die objektiven Daten fanden wir z. T. schon vor: im Konsumverein, auf der Gemeinde, in den Vereinen. Zum Teil mußten wir sie uns selbst beschaffen in der Form von Eßverzeichnissen, Zeitverwendungsbogen,

Beobachtungsprotokollen und dergleichen mehr.

Verknüpft wurden die Einzelergebnisse nach Gesichtspunkten, die letzten Endes von dem Gesamteindruck bestimmt sind, den wir während unseres Aufenthaltes in Marienthal und beim Studium des einlaufenden Materials gewonnen haben. Aber das subjektive Moment, das jeder Beschreibung eines sozialen Tatbestandes anhaftet, haben wir auf ein Minimum zu reduzieren gesucht, indem wir alle Impressionen wieder verwarfen, für die wir keine zahlenmäßigen Belege finden konnten. So schälte sich zum Schluß unsere Formel von der Reduktion des Anspruchs- und Aktivitätsbereichs, vom Zeitzerfall und vom Hinabgleiten entlang der von uns dargestellten Haltungsreihe heraus; um diese Formel herum sind sowohl die charakteristischen Hauptergebnisse als auch die abweichenden Einzeldaten gruppiert.

Es liegt in der Natur der Sache, daß unsere Fragestellung nicht das ganze Problem der Arbeitslosigkeit umfaßt hat. Vor allem ist unser Untersuchungsgegenstand das arbeitslose Dorf und nicht der einzelne Arbeitslose. Alles Charakterologische ist weggefallen, die ganze Psychopathologie fällt aus, und nur dort, wo regelhafte Zusammenhänge von Vergangenheit und Gegenwart angedeutet werden konnten, wird die Frage bis nahe an das individuelle Schicksal herangeführt. Aber auch einzelne allgemeinere Variationen wird man hier nicht finden. So geht es z. B. nur um den manuellen Arbeitslosen einer bestimmten Branche, bloß eine bestimmte Jahreszeit ist einbezogen, kurz, zu den Vorteilen kommen auch die Nachteile, die die Untersuchung eines ganz konkreten Falles mit sich bringt.

Auf eine Einschränkung wollen wir besonders aufmerksam machen, weil sie zu interessanten Konsequenzen führt. Wir hatten es mit einer Gemeinschaft zu tun, die in ihrer Gänze arbeitslos ist. Es läßt sich mangels exakter Paralleluntersuchung nicht mit Bestimmtheit sagen, wie sehr sich der Arbeitslose inmitten von Arbeitenden – z. B. in der Großstadt – von dem Arbeitslosen unterscheidet, der unter lauter gleichfalls Arbeitslosen lebt. Aber liest man aufmerksam die Berichte, die zur Verfügung stehen, dann gewinnt man folgenden Eindruck: Wir haben in Marienthal keine krassen neurotischen Massenerscheinungen gefunden (wie sie z. B. von der deutschen Landstraße gemeldet werden), was offenbar bedeutet, daß die geschlossenere dörfliche Gemeinschaft sich aus vielerlei Gründen länger und leichter als Ganzes intakt erhält; dafür aber wurden uns die subtileren psychologischen Wirkungen, die die Untätigkeit und die Aussichtslosigkeit der Lage mit sich bringen, gewissermaßen wie unter der Zeitlupe deutlich und einsichtig. Das bedeutet einen Vorteil, der sich besonders klar in Auseinandersetzungen mit Praktikern der Arbeitslosenfrage (Fürsorgern, Beamten und Politikern) zeigt. Die Zufallsbeobachtung wird gerade an das anknüpfen, was sich ihr besonders auffällig darbietet; also z. B. an gelegentliche revolutionierende Wirkungen der Arbeitslosigkeit, an besonders erschütternde Ausbrüche der Verzweiflung oder an Ähnliches. Exaktere Feststellungen haben uns dazu geführt, die lähmenden Wirkungen der Arbeitslosigkeit in den Vordergrund zu rücken, die sich der Sache nach einer nicht systematischen Beobachtung leicht entziehen. Einmal herausgestellt, finden sie sich aber auch in der Erfahrung der Praktiker wieder; wir konnten anläßlich von Referaten über unsere Ergebnisse wiederholt beobachten, wie sie zuerst befremdet, dann aber zu einer neuen Beurteilung der scheinbar so wohlbekannten Verhältnisse geführt haben.

Um die Darstellung selbst von methodischen Überlegungen zu entlasten, stellen wir hier eingangs das Material zusammen, über das wir verfügen, und die Mittel, die uns dazu verholfen haben. Am Schluß der Erhebungstätigkeit lag folgendes zur Bearbeitung bereit:

Katasterblätter: Für die 478 Familien von Marienthal wurde ein Kataster angelegt. Für jeden Einwohner gibt es ein eigenes Blatt, auf dem Personaldaten, Art der Unterstützung usw. vermerkt sind. Auf diesem Blatt wurden alle Beobachtungen über Wohnverhältnisse, Familienleben, Haushaltsführung usw. für die spätere Bearbeitung protokolliert.

Lebensgeschichten: Wir haben ausführliche Lebensgeschichten von 32 Männern und 30 Frauen aufgenommen. Deren Bedeutung liegt vor allem darin, daß über ganze Lebensläufe berichtet wurde. Kommt man dann auf die Zeit der Arbeitslosigkeit zu sprechen, so ist man bereits im Zug des Erzählens, und es fällt – vor allem, weil das Gespräch dann schon über Vergleichsmaterial verfügt – sehr leicht, dem Arbeitslosenerlebnis Ausdruck zu geben; würde man unmittelbar nach der Arbeitslosigkeit fragen, so wäre verlegenes Schweigen oder wären Redensarten die häufigste Antwort.

Zeitverwendungsbogen: 80 Personen haben Fragebogen mit Stundenplan über die Art ihrer Beschäftigung während eines Tages ausgefüllt.

Anzeigen und Beschwerden, die im Laufe der letzten Jahre an die Industrielle Bezirkskommission Wiener Neustadt gerichtet wurden.

Schulaufsätze aus Volks- und Hauptschulklassen über die Themen: »Mein Lieblingswunsch«, »Was will ich werden«, »Was ich mir zu Weihnachten wünsche«.

Preisausschreiben unter den Jugendlichen über die Frage: »Wie stelle ich mir meine Zukunft vor?«

Inventare der Mahlzeiten: In 40 Familien wurden während einer Woche Aufzeichnungen über die Mahlzeiten gemacht. Verzeichnisse über das Gabelfrühstück der Schulkinder, am Tag vor und am Tag nach der Auszahlung der Unterstützungen.

Protokolle: Weihnachtsgeschenke von 80 Kleinkindern. – Gesprächsthemen und Beschäftigung in öffentlichen Lokalen. – Erziehungssorgen der Eltern (Aufzeichnungen in der ärztlichen Sprechstunde). – Ärztliche Untersuchung. – Auskünfte der Lehrer über Schulleistungen der Kinder. – Mitteilungen über die Fürsorgetätigkeit der Gemeinde, der Fabrik, des Pfarrers usw. – Auskünfte über die Umsätze beim Wirt und in folgenden Geschäften: Friseur, Fleischhauer, Roßfleischhauer, Schuhmacher, Schneider, Zuckerbäcker.

Statistische Daten: Geschäftsbücher des Konsumvereins. – Entlehnungen aus der Bibliothek. – Abonnements div. Zeitungen. – Mitgliederzahlen der Vereine. – Wahlergebnisse.

Historische Angaben: Unsere Funktionäre haben nach Aufzeichnungen und Berichten maßgebender Personen die Geschichte der folgenden Institutionen aufgenommen: Gemeinde, Fabrik, freie, deutsche und tschechische Gewerkschaften, Betriebsrat, Deutscher und Arbeiter-Turnverein, Katholisches Kinderheim, Sozialdemokratische Parteiorganisation, Arbeiterfußballklub, Verein Kinderfreunde, Verein Freidenker, Verein Die Flamme, Montessoriheim, Theatersektion, Radfahrverein, Arbeiterradiobund.

Bevölkerungsstatistik: Altersaufbau, Geburten und Todesfälle, Eheschließungen, Wanderungsziffern.

Außerdem erhielten wir ein *Tagebuch.*

Die Haushaltungsstatistik, derentwegen ein Funktionär der Arbeiterkammer nach Marienthal fuhr, wurde wegen technischer Schwierigkeiten nur in wenigen Fällen durchgeführt.

Um dieses ganze Material zu erhalten, genügte natürlich nicht unsere prinzipielle Überzeugung, daß es für uns notwendig sei; vielmehr bedurfte es zu seiner Beschaffung noch einer besonderen methodischen Einstellung. Es war unser durchgängig eingehaltener Standpunkt, daß kein einziger unserer Mitarbeiter in der Rolle des Reporters und Beobachters in Marienthal sein durfte, sondern daß sich jeder durch irgendeine, auch für die Bevölkerung nützliche Funktion in das Gesamtleben natürlich einzufügen hatte.

Am schwierigsten war das für die Mitarbeiterin, die dauernd draußen wohnte. Doch ging auch das mit Hilfe der Einrichtungen, die wir schufen, überraschend gut; zitieren wir als charakteristisches Beispiel unsere Kleideraktion.

Kleideraktion: Wir haben in Wien durch private Sammlung etwa 200 Kleider- und Wäschestücke aufgebracht, die, nachdem sie repariert worden waren, durch unsere Funktionäre im Einvernehmen mit der offiziellen Winterhilfe-Aktion der Gemeinde Grammat-Neusiedl an die Bevölkerung verteilt wurden. (Da sich dabei ein besonderer Mangel an Kinderschuhen und warmen Socken bemerkbar machte, haben wir solche aus unserem Fonds neu angeschafft und verteilt.) Vorher machte unsere Mitarbeiterin bei 100 Familien Besuche und fragte, welche Kleidungsstücke besonders erwünscht wären. Sie gewann dadurch nicht nur unauffällig Einblick in die häuslichen Verhältnisse, sondern konnte auch erfahren, was den Familien besonders fehlt und auf welches Familienmitglied besondere Rücksicht genommen wird. Bei der Ausgabe der Kleider protokollierten wir dann genau das Verhalten der Beteiligten, so daß man über die verschiedene Art, wie sie sich zu dieser Fürsorge speziell und zu ihrer eigenen Not im allgemeinen einstellen, sehr aufschlußreiche Beobachtungen machen konnte. Schließlich wurde dadurch, daß Frl. Dr. Danzinger die ganze Beteilungsaktion vorbereitete, der Kontakt mit der Bevölkerung sehr erleichtert; die zahlreichen Arbeiterbiographien, die wir erhielten, verdanken wir im wesentlichen dem Vertrauen, das sie sich in dieser Funktion erwarb.

In ähnlicher Weise wirkten unsere übrigen Institutionen. Wir stellen sie im folgenden kurz dar und fügen gleich hinzu, in welcher Hinsicht sie für unsere Materialsammlung besonders ertragreich waren. Unsere Mitarbeiter waren dabei in verschiedenen Funktionen tätig. Die Ergebnisse der Protokolle scheinen in unserem Bericht einfach in Form von Äußerungen der einzelnen Marienthaler auf.

Politische Mitarbeit: Da wir die aktiven Gruppen der Bevölkerung in politischen Vereinen organisiert wußten, suchten wir auch politischen Kontakt herzustellen. Da sich in unserer Gruppe Mitarbeiter aller politischen Richtungen fanden, konnten wir durch Bildungsfunktionäre, Vorturner u. dgl. Eingang in alle Marienthaler Vereinigungen finden. Dadurch hatten wir auch eine sehr große Kontrolle für die vielen uns von allen Seiten zukommenden kritischen Äußerungen über die Lokalverhältnisse.

Schnittzeichenkurs: Durch zwei Monate hindurch wurde ein allgemein zugänglicher Schnittzeichenkurs abgehalten, der von ca. 50 Frauen besucht wurde und zweimal in der Woche stattfand. Die Bedeutung dieses Kurses lag darin, daß hier das Tätigkeitsbedürfnis der Arbeitslosen befriedigt wurde und sich deshalb gerade im Rahmen dieser Veranstaltung viel über die Stellung der Marienthaler zur Untätigkeit, zu der sie die Arbeitslosigkeit neben dem materiellen Elend verurteilt, erfahren ließ. Wir verschafften uns die entsprechenden Aufzeichnungen folgendermaßen: Im Verlaufe dieses Kurses sagten wir, daß wir auch in anderen Orten ähnliche Kurse einzurichten gedächten, und fragten nun jede einzelne Teilnehmerin, was sie mit dem Gelernten gemacht habe und was sie für Ratschläge bei einer Wiederholung anderswo zu geben wüßte. Der Kurs fand allgemeinen Beifall, so daß wir uns entschließen mußten, ihn länger, als ursprünglich geplant war, fortzuführen.

Ärztliche Behandlung: An jedem Samstag nachmittag hielten eine Frauen- und eine Kinderärztin eine frei zugängliche Sprechstunde für die Bevölkerung ab. In den dringenderen Fällen stellten unsere ärztlichen Mitarbeiterinnen Medikamente kostenlos selbst zur Verfügung. Die Gespräche während der Ordination wurden protokolliert. Im Zusammenhang mit der ärztlichen Konsultation wurde am ehesten die Wahrheit über die persönlichen und materiellen Verhältnisse gesagt, weil davon ja für den einzelnen Sinn und Erfolg der Untersuchung abhing. Damit war eine gute Kontrollmöglichkeit für eine Reihe von Angaben gegeben, die oft nicht ganz wahrheitsgetreu waren, wenn sie an den Fürsorger, von dem man materielle Hilfe erwartete, gerichtet wurden.

Mädchenturnkurs: Um auch mit den jungen Mädchen in Kontakt zu kommen, richteten wir einen Turnkurs für Mädchen ein. Während wir nämlich viele junge Burschen in den Organisationen fanden und von dort aus allmählich einen Teil der männlichen Jugend erfassen konnten, suchten wir zunächst vergeblich einen Weg zu den Mädchen, die seit der Arbeitslosigkeit alle Organisationen verlassen hatten. Schließlich erwies sich der Turnkurs als ein Mittel, Mädchen zu interessieren und mit einer Funktionärin in Kontakt zu bringen.

Erziehungsberatung: Teils im Zusammenhang mit der ärztlichen Untersuchung, teils im Anschluß an einzelne Vorträge gaben wir den Frauen Gelegenheit, mit ihren Erziehungssorgen zu uns zu kommen. Zuweilen benutzten sie auch die Gelegenheit, uns über andere Probleme des häuslichen Lebens zu konsultieren. Diese Beratungen sind nach dem in Wien üblichen Muster eingerichtet worden.

Schließlich sei ein Teil des Instruktionsbogens wiedergegeben, den unsere Mitarbeiter in der Hand hatten, damit sie zwischen den einzelnen Funktionärsbesprechungen in möglicher Übereinstimmung vorgingen.

Hauptfragen unserer Untersuchung:
A. Stellung zur Arbeitslosigkeit:
Was war die erste Reaktion auf die Arbeitslosigkeit?
Was hat der einzelne getan, um Arbeit zu finden?
Wer hat auswärts Arbeit gefunden; auf welchem Weg?
Welcher Arbeitsersatz wird geleistet? Z. B. Kleintierzucht, Bauernarbeit usw.
Stellung zu gelegentlichen Arbeitsgelegenheiten, insbesondere zur Auswanderungsfrage?
Typen und Phasen des Verhaltens?
Welche Pläne haben die Leute noch? Unterschiede zwischen Erwachsenen und Jugendlichen?
Unterschiede zwischen Arbeitenden und Arbeitslosen?
Verhältnis zur Fürsorge?
B. Wirkungen der Arbeitslosigkeit:
Wirkung auf den physischen Zustand der Bevölkerung?
Wirkungen auf die Schulleistungen der Kinder?
Wirkungen auf die Kriminalität?
Sind die älteren oder die jüngeren Kinder stärker von den Wirkungen der Arbeitslosigkeit betroffen?
Haben sich Schwierigkeiten bei eventueller Wiederaufnahme der Arbeit gezeigt?
Haben die politischen Gegensätze sich verschärft oder vermindert?
Wie hat sich die Stellung zur Religion verändert?
Haben sich allgemeine Interessenverschiebungen gezeigt?
Welche Veränderungen hat die Zeitbewertung durchgemacht?
Wie haben sich die Beziehungen der Einwohner zueinander geändert, Hilfsbereitschaft oder Kampf?
Veränderungen innerhalb der Familie?

Die vorbereitenden Arbeiten und Besprechungen begannen im Herbst 1931. Fräulein Dr. Danziger wohnte von Anfang

Dezember bis Mitte Januar 1932 in Marienthal. Während dieser Zeit wurde alles entscheidende psychologische Material gesammelt; bis Mitte Mai wurden einzelne Aktionen weitergeführt, Zusatzfeststellungen gemacht und das statistische Material zusammengetragen. Dann erst begann die Verarbeitung, die über ein halbes Jahr in Anspruch nahm. Während der Hauptuntersuchungszeit kam die Arbeitsgruppe ein- bis zweimal wöchentlich zusammen; da wurden Erfahrungen ausgetauscht, die einzelnen Beobachtungen diskutiert und die Dispositionen für die nächsten Tage getroffen. Im ganzen wurden etwa 120 Arbeitstage in Marienthal verbracht.[1]

Es ist natürlich auch nicht annähernd gelungen, alle Fragen zu beantworten. So konnte z. B. die psychotechnische Prüfung der Schulkinder aus Mangel an Mitteln nicht mehr durchgeführt werden.[2] Umgekehrt sind während der Arbeit Gesichtspunkte aufgetaucht, die wir anfangs gar nicht hatten, z. B. alle Beziehungen der »Widerstandskraft« zum Einkommen, zur früheren Lebensgeschichte usw. Manchmal mißlang ein Versuch in der Art, wie er gedacht war, wie z. B. das Preisausschreiben unter den Jugendlichen durch zu geringe Beteiligung, und ergab dafür in ganz anderer Richtung ein Resultat: den großen Unterschied zwischen in der Lehre stehenden und arbeitslosen Jugendlichen. Alles in allem dürfte über unserem Versuch die für alle wissenschaftliche Arbeit übliche Verteilung von Glück und Unstern im Technischen gewaltet haben.

Die Nützlichkeit der von uns verwendeten Methoden wird der Leser nach den Ergebnissen beurteilen können. Wie wir sie uns eingeordnet denken in ein System soziographischer Arbeit überhaupt und zu welcher Rolle uns dabei die Psychologie berufen scheint, ist im Anschluß an die Ergebnisse in einem eigenen Anhang *Zur Geschichte der Soziographie* skizziert.

Dr. Paul Lazarsfeld

Das Industriedorf

Marienthal ist ein kleines Fabrikdorf an der Fischa-Dagnitz im Steinfeld. Man erreicht die nächstgelegene Eisenbahnstation Grammat-Neusiedel von Wien aus mit der Ostbahn in fünfunddreißig Minuten und wandert dann noch etwa eine halbe Stunde in das völlig flache Land hinein. Der Ortsunkundige bemerkt die Grenze zwischen Grammat-Neusiedel und Marienthal kaum; ein paar hundert Meter stehen rechts und links von der Landstraße statt der Häuser kleine Buden, dann ist man in Marienthal. Einförmig wie die Gegend ist der Ort. Die Häuser sind langgestreckt, einstöckig, alle nach demselben Muster gebaut. Abseits von der Landstraße stehen ein paar Baracken, denen man anmerkt, daß sie seinerzeit schnell fertig werden mußten, um den plötzlichen Arbeiterzuwachs aufzunehmen. Nur das ehemalige Herrenhaus, das Fabrikspital und das Beamtenhaus ragen zweistökkig über die anderen hinaus. An der Fischa hinter den Häusern stehen zwei große Schlote, umgeben von langgestreckten, zum Teil verfallenen Mauern: die Fabrik.

Die Erde ist wenig fruchtbar im Steinfeld, der Boden schwer zu bebauen. Die Bauern in der Umgebung von Marienthal haben es nicht leicht gehabt, als sie sich ansiedelten; auch jetzt können sie nur in mühevoller Arbeit ihr Auskommen finden. Nur wenige von ihnen können es sich leisten, während der Erntezeit einige Marienthaler Arbeiter aushilfsweise zu beschäftigen.

Eine Fußstunde im Umkreis liegen einige kleine Dörfer, verwandt mit Marienthal in Geschichte und Struktur. Da ist Velm mit seiner Strickerei, die ihren jungen Arbeiterinnen einen Wochenlohn von 13-18 Schilling bezahlt.[1] Da ist Götzendorf, mit seiner stark eingeschränkten Baumwollspinnerei, in der der Wochenlohn 28-32 Schilling beträgt, Unter- und Oberwaltersdorf mit kleinen Spinnereien und ähnlichem Lohnniveau, Mannersdorf mit seinem Steinbruch, in dem die Arbeiter bis zu 32 Schilling wöchentlich verdienen können, die Glasfabrik in Moosbrunn steht seit einiger Zeit still.

Wie andere Orte um einen Markt, eine Kirche oder eine Burg herum entstehen, so ist Marienthal um die Fabrik herum entstanden. Die Geschichte dieser Fabrik ist zugleich die Geschichte des Ortes.

In Marienthal steht ein Denkmal mit der Inschrift: Hermann Todesko, Gründer von Marienthal. Jedes Schulkind weiß die Geschichte dieser Gründung zu erzählen: im Jahre 1830 war er auf der Suche nach einem geeigneten Platz für eine Flachsspinnerei auch nach Marienthal gekommen, das dazu wie geschaffen war. Die flache Gegend bot dem Transport keine Schwierigkeiten, der kleine Fluß, an dem Marienthal liegt, die Fischa-Dagnitz, fror mit ihrem gleichmäßig warmen Wasser auch im strengen Winter nicht zu und konnte mit ihrer Kraft den Betrieb speisen. Rings herum entstanden der älteste Teil der Fabrik und ein paar Arbeiterhäuser, die rasch von böhmischen, mährischen und z. T. auch deutschen Arbeitern besiedelt wurden. Bald ging Todesko zur Baumwollspinnerei über, die Fabrik wurde vergrößert. Neue Arbeiterhäuser mußten errichtet werden, zur Kantine kamen kleine Geschäfte hinzu, der Ort wuchs. Todesko, Herr der Fabrik und zugleich Herr des Ortes, fühlte sich für dessen Geschick verantwortlich. Zwischen ihm und seiner Arbeiterschaft herrschte ein patriarchalisches Verhältnis. Freilich waren die Löhne knapp, und schon die Kinder mußten in drei Schichten acht Stunden am Tag arbeiten; aber niemand in der Welt kannte es damals anders. Und die Leute kamen gern nach Marienthal, weil die Wohnungen gut waren und sie sicheres Brot für sich und ihre Kinder fanden. Entlassungen kamen kaum vor; wer einmal in Marienthal war, wurde mit Frau und Kindern in der Fabrik beschäftigt. Um die Arbeit der Frauen nicht entbehren zu müssen, errichtete Todesko eine Kinderbewahranstalt; für die älteren Kinder baute er eine Schule, in der täglich zwei Stunden unterrichtet wurde.

In den sechziger Jahren wurden die Weberei und die Bleiche angegliedert. Die Fabrik wurde ein Großbetrieb, und damit schwand auch das patriarchalische Verhältnis des Fabrikherrn zu den Arbeitern. Langsam drangen gewerkschaftliche Ideen in Marienthal ein; damals entstanden die ersten Organisationen und Vereine. Als es im Jahre 1890 zum ersten Lohnstreik kam, wurde er mit Militärhilfe niedergeschlagen. Sechs Wochen hindurch blieben damals die kaiserlichen Dragoner in Marienthal einquartiert. Als jedoch zum Abzug geblasen wurde, hatte ein Teil der Bevölkerung Frieden geschlossen. Einige Soldaten zogen das Leben im Ort ihrem bisherigen Leben vor, heirateten Marienthaler Mädchen und wurden Fabrikarbeiter.

In den neunziger Jahren erhielt die Fabrik einen neuen Direktor, der jahrzehntelang in Marienthal herrschte. Die Fabrik nahm in dieser Zeit einen großen Aufschwung. Man erzeugte vor allem Blau- und Rosadrucke für den Export nach Ungarn und dem Balkan. Die Klassengegensätze im Betrieb verschärften sich weiter, die Organisationen der Arbeiter wuchsen. Marienthal war damals schon ein politisch lebendiges Gebiet.

Der Weltkrieg brachte eine vorübergehende Umstellung des Betriebes auf Heereslieferungen. Der Umsturz veränderte dann grundlegend die Organisation der Fabrik. Der neugegründete Betriebsrat bekam bald starken Einfluß; es kam wiederholt zu Arbeitseinstellungen und großen gewerkschaftlichen Kämpfen. Es waren politisch aufgeregte Zeiten, von denen heute noch in Marienthal viel erzählt wird. Unterdessen wurde der Betrieb ständig erweitert: man begann Kunstseide zu erzeugen, im Jahre 1925 wurde der Fabrik ein Neubau angegliedert, der einen Maschinenraum enthielt. Im selben Jahr beteiligte sich die ganze Belegschaft an dem großen österreichischen Textilarbeiterstreik. Das folgende Jahr brachte die ersten, wenn auch noch vorübergehenden, Anzeichen einer ernsten Krise; von Juli bis Dezember 1926 wurde die Belegschaft auf die Hälfte herabgesetzt. 1927 und 1928 sowie die erste Hälfte 1929 waren für Marienthal keine schlechten Jahre. Neue Maschinen wurden eingestellt, man dachte mit einer Umstellung der Produktion auf breitere Stoffe den Betrieb aufrechterhalten zu können; der Belegschaftsstand erreichte seinen Höhepunkt.

Aber das war eine rasch vorübergehende Besserung, eine letzte Anstrengung, der Mitte 1929 der Absturz folgte: im Juli wird die Spinnerei geschlossen, im August die Druckerei, im September die Bleiche. Zuletzt im Februar 1930 sperrt die Weberei, und nun werden auch die Turbinen stillgelegt. Wenige Tage nachher schon beginnen unter großer Erregung der Bevölkerung die Liquidationsarbeiten.

Etwa sechzig Mann der Belegschaft werden zurückbehalten; ihnen fällt die Aufgabe zu, einen Teil der Fabrik niederzureißen. Ein Betriebsrat, der in diese Arbeitsgruppe eingeteilt wird, legt die Arbeit freiwillig nieder; er will nicht einer von denen gewesen sein, die die alte Arbeitsstätte zerstörten.

Heute stehen nur mehr die Färberei und die Websäle. Die Bleiche und die Spinnerei sind abgerissen. Die Aufräumarbeiten sind bis zur Zeit sehr mangelhaft durchgeführt. Von ihren Fenstern sehen die Arbeiter auf ihrer früheren Arbeitsstätte Schuttfelder, verbeulte Kessel, alte Transmissionsräder und halbverfallenes Mauerwerk.

Marienthal hat 1486 Einwohner[2] (712 Männer und 774 Frauen); 318 davon sind unter 14 Jahren.

Der Altersaufbau zeigt keinerlei Absonderlichkeiten; er entspricht etwa dem von Niederösterreich. Wir teilen ihn in charakteristische Altersgruppen und vergleichen ihren prozentuellen Anteil an der Gesamtbevölkerung mit den entsprechenden Zahlen aus Niederösterreich:

Altersaufbau von Marienthal und Niederösterreich

		%	%
Vorschulalter	0– 5	8	9,4
Schulalter	6–13	13	14,6
Erwerbsalter	14–59	65,6	64,8
Greisenalter	über 60	13,4	11,2
		100	100

Wie man sieht, ist die Bevölkerung Niederösterreichs etwas jünger als die Marienthaler, was sich durch den größeren Kinderreichtum der bäuerlichen Gemeinden erklärt. Die Geburtenzahl im Durchschnitt der Jahre 1927-31 betrug in Marienthal 19,6, die Zahl der Sterbefälle in derselben Periode 12,4 im Jahr. Die Bevölkerung ist katholisch, 167 Einwohner sind konfessionslos (81 Männer, 54 Frauen und 32 Kinder).

Die Bevölkerung lebt in 478 Haushalten. Die Größe der Haushalte erhellt aus nachstehender Tabelle:

Verteilung der Haushalte nach ihrer Größe

Zahl der Personen:	1	2	3	4	5	6	7	8	9	10	11	
Zahl der Haushalte:	62	121	150	80	41	9	9	4	1	0	1	478

Zahl der Haushalte mit Kindern bis zu 14 Jahren

Zahl d. Kinder:	1	2	3	4	5	6	Kinderl.	Insges.
Zahl:	126	54	20	4	3	1	270	478
Prozent:	26,3	11,2	4,2	0,8	0,6	0,2	56,6	100

Die durchschnittliche Kopfzahl pro Haushalt beträgt 3,1.

Die Häuser in Marienthal sind durchweg Werkhäuser, die der Marienthal-Trumauer AG. gehören: Die Leute haben mit der Gesellschaft einen kollektiven Mietvertrag abgeschlossen. Die Normal-Wohnung in Marienthal besteht aus Zimmer und Küche: Arbeitslose zahlen dafür S 4,– im Monat, Arbeitende zahlten S 5,–. Die Kleinwohnungen, Zimmer und Vorraum, kosten S 3,– im Monat (früher S 4,–), die »Großwohnungen«, Zimmer, Kabinett, Küche S 6,– (früher S 7,–).

Marienthal hat keine eigene Kirche, die Bevölkerung besucht die Kirche in Grammat-Neusiedel. Der Kontakt der Marienthaler mit dem Nachbarort ist auch deshalb besonders eng, weil viele Kaufleute sich drüben, jenseits der »Grenze«, befinden. In Marienthal selbst gibt es: ein Fabrikgasthaus, ein Kino, zwei Roßfleischhauer, einen Zuckerbäcker, einen Konsumverein, einen Gemischtwarenhändler, einen Friseur und ein paar kleine Gewerbetreibende. Seit einigen Jahren besteht ein eigenes Arbeiterheim, das die Mitglieder der Sozialdemokratischen Partei in ihrer freien Zeit errichtet haben. Marienthal war von jeher ein politisch heißer Boden: seit langem gibt es eine ganze Reihe von Organisationen und Einrichtungen der verschiedenen politischen Parteien. Von sozialdemokratischer Seite: Politische Organisation, Gewerkschaft, ihr angeschlossen die Theatersektion, der Verein »Kinderfreunde«, Verein »Freidenker«, Verein »Die Flamme« (ein Bestattungsverein), Radfahrverein, Arbeiterradioverein, Arbeiterturnverein, Ringerverein, Sozialistische Arbeiterjugend, Republikanischer Schutzbund, Arbeiterbibliothek, Hasenzüchterverein, Verein der Schrebergärtner. Von christlichsozialer Seite: Politische Organisation, Christlicher Frauenverein, Mädchenverein, Jünglingsverein, Verein »Frohe Kindheit«. Von deutschnationaler Seite: Deutscher Turnverein, Deutscher Gesangverein. Diese beiden Vereine gehen allmählich in die erst kürzlich gegründete nationalsozialistische Gruppe über.

Der Standard

Der alle zwei Wochen wiederkehrende Tag der Unterstützungsauszahlung ist für Marienthal von ungleich größerer Bedeutung als der Sonntag: das gesamte Wirtschaftsleben schwingt in diesem zweiwöchentlichen Rhythmus. Soweit es geht, werden Schulden an diesem Tag bezahlt, der »Ratenjud«, wie man den Wiener Hausierer nennt, kommt in den Ort und verhandelt über die Höhe der Abzahlung; die »Großeinkäufe« für die nächste Zeit an Mehl, Erdäpfel, Fett werden gemacht. An diesem Tag ist auch das Essen besser als sonst; die Kinder freuen sich auf ihn wie auf ein Fest. Sie spüren diesen Rhythmus deutlich genug in ihrer Ernährung.

Eine Statistik, die wir von einem Klassenlehrer über das Gabelfrühstück der Schulkinder hatten aufnehmen lassen, ergab folgendes Bild. Es hatten mitbekommen:

	Am Tag vor der Auszahlung (Zahl der Kinder)	Am Tag nach der Auszahlung
Nichts oder trockenes Brot	19	2
Ausreichendes Gabelfrühstück	19	36
Insgesamt	38	38

Beinahe bei der Hälfte aller Kinder verschlechtert sich also das Gabelfrühstück gegen Ende der 14tägigen Unterstützungsperiode, erst am Tag nach der Auszahlung bekommen sie wieder ein normales Gabelfrühstück: man geht nicht fehl, wenn man annimmt, daß sich diese Wendung auch in den Hauptmahlzeiten bemerkbar macht. Freilich ist dieser alle zwei Wochen wiederkehrende Termin zuweilen auch der Stichtag für Kürzung oder gar Einstellung der Unterstützung und damit, wie noch zu zeigen sein wird, ein tiefer Einschnitt im Leben der betroffenen Familie.

Die Arbeitslosen-Unterstützung

Die Arbeitslosenunterstützung in Österreich ist durch das Gesetz vom 24. März 1920 und die 28 Novellen geregelt, die seither modifizierend hinzugetreten sind. Die Unterstützung steht in enger Verbindung mit dem Arbeitsnachweis, ihre Höhe wird nach der letzten Lohnhöhe und der Familiengröße der Unterstützten bestimmt. Die Voraussetzung für die Unterstützungsberechtigung ist der Nachweis einer zwanzigwöchigen Arbeit im abgelaufenen Jahr und der Gefährdung des Lebensunterhaltes durch den Verdienstausfall.

Die Kosten der Unterstützung werden vom Arbeitgeber, Arbeitnehmer und den Gebietskörperschaften getragen. Die Dauer der Unterstützung liegt zwischen 20 und 30 Wochen. Nach Ablauf dieser Frist wird der Arbeitslose ausgesteuert und kann dann nur mehr die Notstandsaushilfe beziehen, die der Krisenunterstützung im Deutschen Reich entspricht. Über die Höhe entscheiden nach freiem Ermessen und nur durch Richtlinien gebunden die Industriellen Bezirkskommissionen (paritätische Körperschaften mit öffentlichem Charakter). Die Notstandsaushilfe beträgt etwa 80 Prozent der Arbeitslosenunterstützung. Nach 22-52 Wochen – die Dauer bestimmt die Industrielle Bezirkskommission – erlischt auch diese; der Arbeitslose ist nunmehr völlig ausgesteuert.

Es werden zwei Unterstützungssätze der vollen Arbeitslosenunterstützung unterschieden: der höhere Satz, den Familienerhalter und alleinlebende Arbeitslose bekommen, und der niedere Satz, den Arbeitslose im Familienverband erhalten. Der höhere Satz schwankt pro Tag zwischen 0,76 G und S 3,50; der niedere Satz zwischen 0,72 G und S 2,30. Die Gesamtsumme darf in der Woche nicht mehr als 80 Prozent des letzten Wochenlohnes ausmachen. Der Anspruch auf die Unterstützung geht verloren, wenn irgendeine Arbeit übernommen wird. Verschweigt einer auch nur eine Gelegenheitsarbeit, so kann die zuständige Industrielle Bezirkskommission im eigenen Machtbereich gegen ihn vorgehen. Typische Fälle, in denen aus diesem Grunde in Marienthal die Unterstützung entzogen wurde, sind: ein Arbeiter hat beim Baumfällen gegen Entlohnung in Brennholz geholfen, eine Frau hat Milch ausgetragen und einen Anteil davon für ihre Kinder bekommen, ein Mann hat sich durch Harmonikaspielen eine Nebeneinnahme verschafft usw.

Wie sehr Marienthal diesem Gesetz über Arbeitslosenunterstützung unterworfen ist, zeigt folgende Übersicht. Von den 478 Familien des Ortes sind:

Arbeitslos (kein Familienmitglied in Arbeit)	
Mindestens ein Familienmitglied im Bezug der Arbeitslosenunterstützung oder Notstandsaushilfe	358
Kein Familienmitglied im Bezug der Unterstützung, völlig ausgesteuert oder nicht unterstützungsberechtigt	9
Insgesamt	367
In Arbeit (mindestens ein Familienmitglied)	
in Marienthal	22
in Wien	15
in Orten der Umgebung	56
Insgesamt	93
Im Bezug von Abfertigung oder Pension	18
	478

So sind mehr als drei Viertel der Familien des Ortes in ihrer materiellen Existenz von der Auszahlung der Arbeitslosenunterstützung abhängig. Die 18 Familien, die von Pensionen und Abfertigungen leben, sind zum Großteil pensionierte Eisenbahner, die sich nach Vollendung ihrer Dienstzeit zur Ruhe gesetzt haben.

Die 22 Familien, die ihren Unterhalt noch in Marienthal selbst erwerben, teilen sich in die nachfolgenden noch vorhandenen Arbeitsmöglichkeiten:

Bürgermeister, Gemeindesekretär, 3 Gendarmen, Wirt, Hebamme, Lehrerin, Tischler, Schuster, 2 Kaufleute, Fleischhacker, 2 Verkäufer, Briefträger, 6 noch in der Fabrik in verschiedenen Funktionen beschäftigte Arbeiter.

Über die Löhne, die in den für die Marienthaler erreichbaren Betrieben der Umgebung gezahlt werden, wurde bereits oben berichtet. Sie betragen 13-32 Schilling und sind zum Teil niedriger als manche Unterstützungssätze. Dieses Lohnniveau bringt es auch mit sich, daß die in der Umgebung arbeitenden Familien sich in ihrer äußeren Lebenshaltung von den Arbeitslosen kaum unterscheiden.

Für die 358 im Bezug der Arbeitslosenunterstützung stehenden Familien ergibt sich ein Durchschnittseinkommen von S 1,40 pro Tag und Verbrauchseinheit.

Wir setzen die Verbrauchseinheit in folgender Weise fest: Personen bis zum 14. Lebensjahr = 0,6, 14.-21. Lebensjahr = 0,8, Frauen = 0,8, erwachsene Männer = 1,0.

Um für die Kaufkraft des Geldes eine Vergleichsmöglichkeit zu geben, führen wir die Preise einiger wichtiger Konsummittel an, die üblicherweise in Marienthal bezahlt werden: 1 kg Kochmehl (mindere Qualität) 65 G, 1 kg Malzkaffee (offen) 96 G, 1 kg Salz 70 G, 1 kg getrocknete Bohnen 56 G, 1 kg Pferdefleisch S 1,80, 1 l Milch 38 G.

Einige Familien, vor allem aber Alleinstehende, sind besser gestellt, sie bringen es bis zu S 3,38 pro Tag und Verbrauchseinheit. Daneben aber gibt es Familien, die überhaupt keine Unterstützung beziehen, die ausgesteuert und erwerbslos sind. Der niedrigste Unterstützungssatz in Marienthal beträgt 26 Groschen pro Tag und Verbrauchseinheit. Familien, deren Tageseinkommen pro Verbrauchseinheit 66 g (S 20,– im Monat) oder weniger beträgt, bezeichnen wir weiterhin als Minimalfamilien, solche mit mehr als S 2,– (S 60,– im Monat) als Maximalfamilien.

Unter den 367 arbeitslosen Familien gibt es 33 Minimalfamilien und 41 Maximalfamilien. Wenn man aber statt der Familienzahl die viel charakteristischere Zahl der Köpfe wählt, dann ändert sich das Größenverhältnis beider Gruppen, da die Minimalfamilien der Sache nach die kopfreichsten sind. Der Standard der 367 arbeitslosen Familien ist folgender:

Standard	Familien	Kopfzahl	%
Maximal	41	59	4,9
Durchschnitt	293	1024	84,1
Minimal	33	133	11,0
	367	1216	100,0 = 81,8 Prozent der Gesamtbevölkerung

Aus dieser Tabelle wird sofort ersichtlich, woher es kommt, daß Arbeitslose überhaupt in die Gruppe der Maximalfamilien eingeordnet werden können: der Vergleich der Kopfzahl mit der Familienzahl zeigt, daß es sich fast ausnahmslos um Alleinstehende oder um Ehepaare handelt, die niemanden zu erhalten haben.

Die Besonderheiten des Minimalstandards hingegen sind nicht ohne weiteres klar. Wir geben im folgenden einige Protokollauszüge über diese Minimalfamilien wieder:

Familie 001, Frau, Mann, vier Kinder.
Vom ehemaligen Meister des Familienvorstandes waren die sozialen Abgaben nicht gezahlt worden, dadurch ging die Berechtigung auf Arbeitslosenunterstützung verloren.... Im Frühjahr leistete der Mann als Dachdecker Hilfsarbeiten; sonst lebt die Familie von Betteln und Stehlen ... Kinder und Wohnung völlig verwahrlost ... Der Mann ist Trinker ... Frau derzeit wegen Ehrenbeleidigungsprozeß eingesperrt.

Familie 273, Frau, ein Kind.
Die Frau wurde durch Eheschließung Ausländerin und hat dadurch die Unterstützungsberechtigung verloren ... Sie leistet im Sommer Hilfsarbeit und erhält gelegentlich Unterstützung von ihren Eltern ... Der Mann ist gleich nach der Eheschließung zur Fremdenlegion durchgebrannt ... Frau lebt völlig einsam und apathisch ... in ständigem Unfrieden mit der Verwandtschaft.

Familie 268, Mann, Frau, drei Kinder.
Mann ist Ausländer, Frau arbeitet und verdient S 13,– pro Woche ... Mann macht gelegentlich Schusterarbeit ... Familie besitzt einen Schrebergarten ... es wird von gelegentlichem »Kohlenklauben« berichtet ... die Wohnung ist ordentlich ... Die Stimmung völlig hoffnungslos.

Zusammenfassend läßt sich folgendes über die Minimalfamilien sagen: Zwölf Familien sind nicht unterstützungsberechtigt, weil sie Ausländer sind. Neun Familien sind als Inländer nicht unterstützungsberechtigt (früher selbständige Gewerbetreibende, zu kurze Arbeitsdauer usw.), sieben Familien beziehen zwar Unterstützung, sind aber so groß, daß auf die Verbrauchseinheit nur ein geringfügiger Betrag entfällt. Fünf Familien sind dadurch auf den Minimalstandard gesunken, daß der Vater als Familienerhalter nicht in Betracht kommt (abgewandert, Trinker, Verbrecher usw.).

Andere Hilfsquellen

Selbst die Behörden versuchen in Marienthal nicht mehr, den Schein aufrechtzuerhalten, als ob man von der Unterstützung, die man bekommt oder sogar nicht bekommt, leben könnte. Wenn Katzen oder Hunde verschwinden, fällt es den Besitzern gar nicht mehr ein, Anzeige zu erstatten:

man weiß, daß sie von irgend jemandem gegessen wurden und forscht nicht nach dem Namen. Bei Übertretungen des Fischrechtes und selbst bei kleinen Kohlendiebstählen auf der Bahn drückt man beide Augen zu. So erzählt eine Frau:

»Ich gehe öfters auf die Bahn ›Kohlen klauben‹. Einmal wurde ich schon gestraft, aber es kostete nur 1 Schilling. Unsere Gendarmerie ist sehr gut, und die Leute von der Bahn kennen mich auch schon. Es weiß eh jeder, was für arme Teufel wir sind, aber angezeigt darf man halt nicht werden.«

Wenn den Bauern aus den Feldern Krautköpfe und Kartoffeln verschwinden, kümmern sie sich nicht darum. Ein junger Bauer sagt uns:

»Was soll man denn machen, die armen Teufel haben ja wirklich nichts.«

Aber nicht nur die Minimalfamilien müssen irgendwelche Hilfsquellen in Anspruch nehmen, um leben zu können. Die Zahl der legalen Hilfsquellen ist beschränkt und ihr Ertrag gering: Schrebergarten, Hasenzüchten, wenns ans Äußerste geht: die Fürsorge der Gemeinde und in einigen Fällen eine gelegentliche Arbeit für ein paar Stunden.

Freilich leistet zuweilen ein Marienthaler ganz Unwahrscheinliches als Erfinder solcher Hilfsquellen: Einer, der jede Pflanze, jedes Tier der Umgebung kennt, der jeden Vogelruf nachahmen kann, wird – freilich ohne Gewerbeschein – gelegentlich Tierhändler. Auch sonst versteht er mancherlei und ist überall gern gesehener Helfer. Aber dieser Typus des qualifizierten Gelegenheitsarbeiters, der eine »Nase« für jede Verdienstmöglichkeit hat, ist selten. Die anderen müssen nehmen, was an offiziellen Möglichkeiten übrigbleibt.

Gemeinde und Fabrik besitzen Wiesengrund, den sie in Parzellen an Schrebergärten und Kaninchenzüchter gegen einen jährlichen Anerkennungszins von 1 S für eine Fläche von ca. 65 qm verpachten. Alle Ansuchen um Schrebergärten konnten in diesem Jahre bewilligt werden. So besitzen 392 Familien von den 478 des Ortes Schrebergärten, 94 von ihnen sogar zwei oder mehr. Obwohl, wovon noch später die Rede sein wird, keineswegs bloß Nutzpflanzen in den Schrebergärten gezogen werden, ist die Aushilfe an Gemüse doch beträchtlich: im Sommer Frischgemüse und Salat, für den

Winter regelmäßig Zwiebeln und Knoblauch und auch für einige Zeit Kartoffeln.

Der typische Marienthaler Schrebergarten besteht aus ca. fünf Feldern von $2 \times 6\ m^2$ im Geviert, von denen je eines beispielsweise mit Blumen, Knoblauch und Zwiebeln, Ananaserdbeeren, Karfiol oder Kohlrüben und Salat bebaut wird.

Es gibt in Marienthal 30 im Kaninchenzüchterverein organisierte Kaninchenzüchter und darüber hinaus ca. 150 »wilde«. Je nach dem Futteraufwand schwankt der Ertrag der Kaninchenzucht, die vorwiegend dem Eigenbedarf dient, nach der Jahreszeit. Im Winter geht der Bestand wegen der Schwierigkeiten der Futterbeschaffung im Durchschnitt zurück.

Die Fürsorgeunterstützungen durch die Gemeinde sind fast völlig eingestellt, weil die Gemeinde fast ebenso arm ist wie ihre Einwohner. Doch konnte zu Weihnachten 1930 noch jeder Familie ein Lebensmittelpaket gegeben werden, das 3 kg Mehl, ¼ kg Margarine, ½ kg Zucker enthielt. Familien mit 5 Personen bekamen zwei, Familien mit sieben Personen drei Pakete. Die Aktion »Winterhilfe« brachte einige Erleichterung, ebenso die Fürsorge der einzelnen politischen Parteien und Kinderorganisationen für ihre Mitglieder. Zu Weihnachten 1930 stellte die Fabrikleitung jeder Familie 50 kg Kohle zur Verfügung, außerdem verteilte sie Liebesgabenpakete. Ostern und Pfingsten 1931 konnte die Gemeinde noch unterstützend eingreifen. Weihnachten 1931 erließ die Fabrik den Dezemberzins und verschenkte je nach der Bedürftigkeit Lebensmittel-Gutscheine im Wert von 5, 10 und 20 S. Auch gibt die Fabrik von Zeit zu Zeit Holz aus. Da um das Jahresende auch der Rabatt des Konsumvereins fällig wird, tritt durch die vielfachen kleinen Unterstützungen um die Weihnachtszeit eine gewisse Erleichterung ein.

Die einzige wirksame Hilfsquelle wäre natürlich die Arbeit. Taucht richtige Fabrikarbeit irgendwo in der Umgebung auf, dann wird gierig danach gegriffen. Trotz den abnorm geringen Löhnen gehen Marienthaler Arbeiter oft stundenlang in eine der umliegenden Fabriken zur Arbeit, und gegen kleine Naturalleistungen wird für die Bauern jeder Dienst geleistet. Es scheint allerdings so zu sein, daß gelegentliche Hilfsarbeit vor allem den Ausgesteuerten oder nicht Unterstützungsberechtigten zugeschanzt wird, teils aus tatsächlicher Solidarität, teils weil eine Entlohnung, die die Arbeitslosenunterstützung nicht überschreitet, ja kaum als Anreiz dienen kann. In alle Fragen, die mit der Unterstützung zusammenhängen, war begreiflicherweise schwer Einblick zu gewinnen: sicher ist, daß durch die Marienthaler als Gesamtheit auch nicht die kleinste Verdienstmöglichkeit unausgenutzt bleibt; wie sich das im einzelnen verteilt oder verteilen soll, ist ein Verwaltungsproblem, das zu behandeln nicht in unsere Aufgabe fällt.

Speisezettel und Budget

Wir haben schon am Beginn dieses Abschnittes eine kleine Statistik zur Frage der Ernährung angeführt: über das Gabelfrühstück der Schulkinder. Aus Eßverzeichnissen, die von 41 Familien eine Woche hindurch geführt wurden, aus den Gesprächen in der ärztlichen Ordination – die zum Teil ein gutes Kontrollmaterial für die Eßverzeichnisse bildeten – und aus einigen Haushaltsbüchern, die von einzelnen Familien geführt wurden, ergab sich eine Reihe von Daten, die wir hier anführen.

Ordnet man die 287 in dem Eßverzeichnis protokollierten Tage nach der Zahl der täglichen Mahlzeiten, so ergibt sich folgende Übersicht:

Zahl der täglichen Mahlzeiten	an Tagen	in Prozenten
2	6	2
3	210	73
4	71	25
	(7 × 41 =) 287	100

Drei Mahlzeiten – früh, mittags und abends – sind also die Regel. In Ausnahmefällen wird nur zweimal am Tag gegessen, manchmal kommt zu den drei Mahlzeiten noch eine

Jause hinzu. Von den 41 Familien aßen Fleisch in der Woche:

Zahl der Fleischmahlzeiten pro Woche	Zahl der Familien	in Prozenten
0	6	15
1	22	54
2	8	19
3	2	5
4	3	7
	41	100

Alle 22 Familien, die einmal in der Woche Fleisch aßen, aßen es am Sonntag[1]. Alle, die öfter als einmal Fleisch hatten, aßen es auch am Sonntag. Von den 56 Fleischmahlzeiten, über die berichtet wird, bestanden 34 aus Roßfleisch, 18 aus Kaninchenbraten, 2 aus Rindfleisch, eine aus »Faschiertem« und eine aus Schweinefleisch. Ein Arbeitsloser erzählt, daß auch Katzenfleisch gegessen würde:

»Immer wieder verschwinden Katzen. Die Katze von Herrn H. ist erst vor wenigen Tagen verschwunden. Katzenfleisch ist sehr gut. Auch Hunde werden gegessen. Aber das war auch schon in der Arbeitszeit. Da haben sie z. B. einmal beim J. T. einen Hund gebraten. Erst vor wenigen Tagen bekam ein Mann von einem Bauern einen Hund geschenkt, unter der Bedingung, daß er ihn schmerzlos erschlägt. Er lief überall herum um ein Geschirr für das Blut und bekam schließlich eines, dafür mußte er ein Stück Hundefleisch hergeben. Das Geschirr war von der Familie A.«

Der Aufhackknecht des Fleischhauers erzählt:
»Solange die Fabrik in Betrieb stand, schlachteten wir 12 Schweine und 6 Rinder in der Woche. Jetzt 6-8 Schweine und ein Rind, die werden aber auch nicht von den Marienthalern gekauft, sondern von den Leuten der Umgebung, die früher noch nicht hier gekauft hatten. Die Marienthaler sind von Rind- und Schweinefleisch zu Pferdefleisch übergegangen. Während Marienthal früher nur eine Roßfleischhauerei hatte, etablierte sich im letzten Jahr ein zweiter Roßfleischhauer. Beide machten zu Beginn der Arbeitslosigkeit gute Geschäfte; nach den ersten paar Monaten erwiesen sich aber zwei Roßfleischhauereien als zuviel für den Ort. Der später Angekommene hält sich, der erste geht zugrunde.«

Die 287 Abendessen bestanden aus:		In Prozenten
Kaffee (meist schwarz) und Brot	132	45
Reste vom Mittag	114	40
Frisch gemachte Speisen	41	15
	(7 × 41 =) 287	100

25 Prozent der Nachtmahle bestehen also entweder aus der Speise, die es zu Mittag gab, oder aus dem Kaffee, den man regelmäßig in der Früh trinkt[2]. Für die kleinen Kinder wird der schwarze Kaffee – es ist selbstverständlich durchwegs Malzkaffee – mit Milch ergänzt oder durch Wasserkakao ersetzt. Einige Familien berichten, daß sie seit zwei Jahren überhaupt kein Stück Zucker mehr im Haus gehabt hätten; aus Ersparnisgründen wird nur mehr Saccharin verwendet, was den Geschmack ersetzt, jedoch bekanntlich keinerlei Nährwert hat. In manchen Fällen wird Saccharin abwechselnd mit Zucker verwendet. Gewöhnlich beginnt man in der zweiten Woche nach der Auszahlung mit dem Saccharin[3].

Nachstehend das Eßverzeichnis zweier Familien:

Familie 81[4]

Minimalfamilie, 57 G pro Tag und Verbrauchseinheit.

Montag
F[5]: Kaffee und Brot
M: Erbswurstsuppe, Grießschmarrn
J: –
N: Kaffee und Schmalzbrot

Dienstag
F: Kaffee und Brot
M: Kohl und Erdäpfel
J: –
N: Kohl

Familie 167

Durchschnittsfamilie, 98 G pro Tag und Verbrauchseinheit.

Montag
F: Kakao und Semmeln
M: Linsen und Knödel
J: Kaffee und Schmalz-
J: brot
N: Linsen und Knödel

Dienstag
F: Kaffee und Brot
M: Maggisuppe und Krautfleckerln
J: –
N: Krautfleckerln und
N: Kaffee

Familie 81

Mittwoch
F: Kaffee und Brot
M: Erdäpfelsuppe und Krautfleckerln
J: –
N: Kaffee und Brot

Donnerstag
F: Kaffee und Brot
M: Erdäpfelgulasch
J: –
N: Erdäpfelgulasch

Freitag
F: Kaffee und Brot
M: Suppe und Erdäpfel, Nudeln
J: –
N: Kaffee und Brot

Samstag
F: Kaffee und Brot
M: Erdäpfelsuppe und Bohnen
J: –
N: Kaffee und Brot

Sonntag
F: Kaffee und Weißbrot
M: Suppe und Mohnnudeln
J: –
N: Kaffee und Weißbrot

Familie 167

Mittwoch
F: Kaffee und Brot
M: Suppe, Kraut und Kartoffeln
J: –
N: Kaffee und Brot

Donnerstag
F: Kakao und Brot
M: Falsche Suppe, Kohl und Erdäpfel
J: Schmalzbrot
N: Kaffee und Butterbrot

Freitag
F: Kaffee und Brot
M: Suppe und »Schinkenfleckerln« (aus Roßfleisch)
J: –
N: Kaffee, Brot, Pferdewurst

Samstag
F: Kakao und Semmeln
M: Pferdegulasch und Brot
J: Schmalzbrot
N: Pferdegulasch und Kartoffeln

Sonntag
F: Tee und Semmeln
M: Rindssuppe mit Leberknödeln, Faschiertes und Salat
J: Tee
N: Faschiertes und Salat, Kaffee

Obwohl es uns aus materiellen Gründen unmöglich war, die Führung einer ausführlichen Haushaltsstatistik in mehreren Familien zu überwachen, geben wir dennoch zur

Ergänzung des Bildes einen zweiwöchentlichen Ausschnitt aus dem Budget einer Durchschnittsfamilie an. Da bei Beginn dieser 14tägigen Periode zwischen zwei Auszahlungen der Arbeitslosenunterstützung tatsächlich alle Lebensmittel bis auf den letzten Rest aufgegessen waren und am Ende der Periode lediglich etwas Fett, ¼ kg Salz und ein paar Kilogramm Kohle übrig blieben, fallen die Einkäufe mit dem Verbrauch in diesem Abschnitt fast völlig zusammen. Da überdies der Variation eines Budgets auf diesem Niveau sehr enge Grenzen gezogen sind, läßt sich auch aus den Zahlen dieses verhältnismäßig kleinen Zeitraums einiges ersehen.

Es handelt sich um eine Familie von sieben Köpfen (zwei Erwachsene, fünf Kinder unter 14 Jahren = 4,8 Verbrauchseinheiten). Die Familie bezieht eine Unterstützung von 49 S in 14 Tagen, steht also mit 73 G pro Tag und Verbrauchseinheit, d. h. 44 G für ein Kind, noch immer nicht in der Gruppe der Minimalfamilien.

5½ kg	Mehl	3,58
1¼ kg	Reis	–,80
12	Brot	8,–
20	Semmeln	1,40
28 l	Milch	10,64
3 kg	Schweinefett	7,20
5 dk	Öl	–,18
30 dk	Rindfleisch mit Knochenzuwage	–,95
	Rindsknochen	–,30
1½ kg	Kristallzucker	1,78
1	Schachtel Saccharin	–,30
6	Eier	–,72
2 kg	Gemüse (Sauerkraut, Kochsalat, Spinat)	1,56
8 kg	Kartoffeln	1,44
2½ kg	Hülsenfrüchte (Bohnen, Linsen)	1,74
1 kg	Salz	–,70
1 l	Essig	–,30
	Pfeffer	–,10
½ kg	Malzkaffee	–,48
¼ kg	Feigenkaffee	–,48
	Kakao	–,20
45	Film-Zigaretten	–,45
	Soda und Seife	1,70
50 kg	Kohle	4,–
		49,–

Auffallend ist der starke Mehlkonsum: 5 ½ kg sind für einen Zeitraum von 14 Tagen relativ viel. Der Gemüseverbrauch ist dagegen äußerst gering, was offenbar mit den hohen Preisen in dieser Jahreszeit – es handelt sich um die zwei Wochen vom 14.-27. Mai – zusammenhängt. Das Stückchen Rindfleisch mit Knochen wird für den ersten Sonntag, der in den Zeitabschnitt fällt, gekauft; die Rindsknochen für die Suppe des zweiten Sonntags, an dem es zu Fleisch offenbar nicht mehr reichte. Auffallend ist auch der regelmäßige und verhältnismäßig teure Milchverbrauch von 2 l täglich, der vornehmlich auf die Kinder entfällt. Diese Sorgfalt, die die Eltern unter Aufgabe der primitivsten eigenen Ansprüche für die Kinder aufwenden, fiel auch bei den Hausbesuchen in dieser Familie immer wieder auf.

Die folgenden Auszüge aus den Umsatzziffern des Konsumvereins ergänzen unsere Feststellungen über die Verschiebung des Einzelbudgets. So zeigt der Mehlkonsum nachstehende Veränderung:

	Mehlkonsum (Preis-Umsatz)
1928	100
1930	112

Diese Erhöhung rührt offenbar daher, daß viele Nahrungsmittel durch mehlhaltige Speisen ersetzt werden. Innerhalb des Mehlverbrauchs zeigt sich eine Verschiebung vom teuren Weizenmehl zum billigeren Roggenmehl. Der Einkauf von Butter und Margarine zeigt folgende Verschiebung:

	Butter	Margarine
1928	100	100
1929	69	160
1930	38	192

Eine analoge Gegenbewegung in den Konsumziffern zeigt auch der Umsatz von Kaffee und Kakao:

	Kaffee	Kakao
1928	100	100
1929	75	118
1930	63	141

Der Schokoladekonsum ist um 57 Prozent gesunken. Ähnliches weiß der Konditor von Grammat-Neusiedel zu berichten:

Der Konsum ist seit der Arbeitslosigkeit auf ein Viertel zurückgegangen. Der Sonntagskonsum ist von 30-40 S auf 16-18 S gesunken. Während er früher 16-17 Torten für Samstag und Sonntag bereitstellte, genügen heute 2 Torten. Teure Schokoladen werden überhaupt nicht mehr gekauft, sondern fast ausnahmslos nur mehr Rippen zu 10 G. Außerdem ist bei Rückgang aller anderen Schokoladen und Zuckerwaren eine Erhöhung in Bruchschokolade von 5 auf 15 kg monatlich eingetreten. Kurz nach der Auszahlung der Arbeitslosenunterstützung steigt der Konsum sprunghaft. Er ist der Meinung, daß viele junge Burschen, anstatt Alkohol zu trinken, Schokolade und Bananenlutscher kaufen.

Geldeinteilung

Das Auskommen mit Summen, die im Durchschnitt knapp ein Viertel des normalen Arbeitseinkommens betragen, ist nur durch eine bis ins kleinste durchdachte, geradezu raffinierte Einteilung und Berechnung möglich. Ein paar Beispiele mögen das belegen.

Frau P. R.: »Sie habe zusammen 55 S Unterstützung in 14 Tagen. 5 S legt sie beiseite für Rauchmaterialien und für gelegentliche Fleischkäufe. 7,50 S kostet die Milch, der Rest geht aufs Essen, Schuhe doppelt der Mann selbst. Zu Weihnachten kaufte sie dem Burschen einen Kragen für 1,50 S, und 3 S hat sie für den Baum ausgegeben. Die Großmutter kaufte den Kindern Strümpfe und Stutzen. Sie hatte Lebensmittelschulden von ca. 30 S, konnte sie aber durch die Neujahrsprozente tilgen.«

Frau M. L.: »Ihre Geldeinteilung ist sehr genau, rechnet alles mit dem Mann aus. Sie geben im Konsum 35 S in 14 Tagen aus, da sind schon die Kohlen dabei. Sie macht keinen Groschen Schulden. Wenn Schuhreparaturen oder dgl. sind, wird es genau ausgerechnet und auf der anderen Seite abgespart. Das Geldeinteilen ist dadurch erleichtert, daß ihr der Mann dabei hilft: Ein Mann kann so was doch leichter ausrechnen.«

Frau N. Z.: »Sie hat drei Kinder von 8, 6 und 3 Jahren; der Mann hat bis zum Abbau hier gearbeitet, sie nur bis 1927, deshalb ist sie schon ausgesteuert. Die 22 S in der Woche sind sehr schwer einzuteilen. Milch und Brot bezahlt sie alle 14 Tage, die andern Sachen gleich, wenn sie sie einkauft, so kann sie sich's besser mit dem Geld einteilen. Auf Raten kann sie nichts nehmen, weil sie die Raten nicht bezahlen könnte. Was sie an Lebensmitteln braucht, macht 24 S in 14 Tagen aus; dazu kommen noch 6 S für Kohle, 6 S für Milch. Brot bäckt sie selbst, die paar Schillinge, die übrig bleiben, müssen für Doppler aufgehoben werden.«

Schon die Geschwindigkeit, mit der uns die Frauen ihre Geldeinteilung aufsagen konnten, zeigte, wie genau sie durchdacht ist und wie wenig Abweichungen es geben darf, will man auskommen. Daß dabei auf die Erfüllung sozialer Pflichten und auf die einfachsten kulturellen Bedürfnisse fast in allen Fällen verzichtet werden muß, ist selbstverständlich.

So erzählt Frau R.: »Die 39 S, die sie Unterstützung haben, macht gerade die Rechnung für Lebensmittel und Kohlen aus. Sie können sich keine Schuhe richten lassen, die Zeitung haben sie aufgegeben. Jetzt hat sie noch einen Bruder, der ausgesteuert ist und keinerlei Mittel hat, den soll sie erhalten, und sie weiß nicht wovon. Eine Schwester hat sie in Serbien verheiratet, an die hat sie sich um Unterstützung gewandt. Sie hat aber kein Geld geschickt.«

In ähnlicher Weise berichtet Frau N.: »Sie haben nur eine Unterstützung, die Frau konnte wegen der vielen Kinder nicht in die Fabrik gehen. Im Einkommen ist kein so großer Unterschied wie früher, weil der Mann auch schon früher schlecht verdient hat. Aber man muß jetzt viel mehr rechnen, weil die Kinder schon größer sind. Es kommt jetzt öfters vor, daß die Kinder vor der Auszahlung nichts mehr zu essen haben und sie zu ihrem Vater gehen muß, um Brot für die Kinder zu erbitten.«

Die Schwierigkeiten steigen in dem Maß, in dem die Kleider und das Inventar verschleißen. So berichtet ein Arbeitsloser:

»Am Anfang hat man immer geglaubt, es kann ja nicht lange dauern, und dann hat man es auch nicht so Sachen von früher da waren. Aber jetzt geht es mit den Kleidern zu Ende und man kann sich keine kaufen.«

Vor allem die Beschaffung und die Erhaltung des Schuhwerks macht Schwierigkeiten.

Eine Mutter von drei Kindern berichtet: »Das Geld teilt sie sich so ein, daß sie alles gleich bezahlt, außer Milch und Brot. Für Milch braucht sie in 14 Tagen 10 S. Für Lebensmittel und Kohle ca. 40 S. Die paar Schilling, die übrigbleiben, gehen auf Kleinigkeiten, man kann sich nichts anschaffen. Den siebenjährigen Buben mußte sie 8 Tage von der Schule zu Hause lassen, weil er keine Schuhe hatte.«

Ein Lehrer erzählt: »Ein zwölfjähriger Schüler der zweiten Hauptschulklasse besitzt ein einziges Paar Schuhe, genauer: ihm hängen einige zusammengenähte Fetzen von den Füßen. Wenn es regnet oder schneit, kann er damit nicht auf die Straße. In seiner freien Zeit wird er vom Vater eingesperrt, damit er nicht durch Herumspringen diese armseligen Reste noch weiter gefährdet.«

Die Frage taucht auch in der Erziehungsberatungsstelle auf: Wie hält man die halbwüchsigen Jungen vom Fußballspielen fern, damit Schuhe und Kleider dadurch nicht in unerträglichem Maße ruiniert werden. Kaum überwindlich werden die Schwierigkeiten, wenn die Gesundheit gefährdet ist.

Frau S. erzählt: »Das Kind ist eine große Sorge, es hat eine Rückenmarksverkrümmung, es muß ein Gipsmieder tragen, dazu sollte es gut genährt werden, aber das kann sie ihm nicht bieten. Durch die Krankheit des Kindes hat sie sich im Anfang stark verschuldet, sie mußte die erste Zeit jede Woche mit dem Kind nach Wien fahren und mußte sich das Fahrgeld ausleihen, weil sich vom Wirtschaftsgeld nichts erübrigen ließ. Seit 14 Tagen bekommt sie von der Fürsorge 5 S in der Woche für das Kind, sie braucht auch nur mehr einmal im Monat nach Wien fahren, und die Fahrtspesen zahlt die Fürsorge.«

Unser ärztlicher Dienst war, wie alle unsere Aktionen, nicht Selbstzweck, sondern in den Rahmen der Sammlung psychologischen Materials eingefügt. Immerhin ergaben sich einige Einblicke in die sanitären Verhältnisse, die wir hier zusammenfassen.

Gesundheitszustand

Schon früher war der Gesundheitszustand des Ortes, trotz der halbländlichen Umgebung, nach den Berichten des Arztes nicht sehr gut.

Die Arbeit in Spinn- und Webereibetrieben ist ungesund. Der Staub greift die Atmungsorgane an, der ohrenbetäubende Lärm der Maschinen zerrüttet die Nerven. Die Belegschaft solcher Betriebe ist ständig tuberkulosegefährdet; in

Marienthal waren es nach Angabe des Arztes früher 90 Prozent. Heute hat sich das nach seiner Meinung gebessert, die Bevölkerung sei gesünder geworden. Zweifellos wirkt der Ausfall der lungenschädigenden Arbeit, der Ausfall an Schwerarbeit, überhaupt der häufigere Aufenthalt in frischer Luft gesundheitsfördernd, und seine Wirkung war vor allem in der ersten Zeit der Arbeitslosigkeit sicher festzustellen. Freilich gilt dies nur für die Erwachsenen, die schon einmal gearbeitet haben. Für die Kinder und Jugendlichen fällt diese Wirkung fort; bestehen bleibt für sie, wie für alle anderen, nur der verschlechternde Einfluß der veränderten Nahrung und der herabgesetzten Möglichkeiten der Körperpflege.

Einmal trat diese ohne Zweifel verminderte körperliche Widerstandskraft sehr drastisch zutage und wurde damals im Ort Marienthal erregt diskutiert. Die sieggewohnten Marienthaler Ringer konnten bei einer Ringmeisterschaft im Nachbarort nicht mehr antreten, weil dem Partner kein ebenbürtiger Schwergewichtler mehr gestellt werden konnte und auch die mittleren Klassen bei gleichem Gewicht einen viel schlechteren Allgemeinkörperzustand aufwiesen.

Im folgenden führen wir zwei Ergebnisse der ärztlichen Untersuchung der Kinder an, die teilweise in der von uns abgehaltenen Sprechstunde und zum anderen Teil im Rahmen der Hilfsaktion einer politischen Partei durchgeführt wurde. Die Klassifizierung des ärztlichen Allgemeinbefundes der Kinder ermöglicht einen Überblick über den Gesundheitszustand der Kinder. Bei den Kindern unter 14 Jahren ergab sich folgendes Bild:

I (gut) %	II (mittel) %	III (schlecht) %	Insges. %
16	51	33	100

Zu dieser Tabelle ist zu bemerken, daß die tatsächlichen Gesundheitsverhältnisse in Marienthal wahrscheinlich noch schlechter sein dürften, da die ärztliche Ordination von den ganz Verwahrlosten gar nicht aufgesucht wurde.

Nach dem Befund der Zahnärzte hatten von 100 Kindern:

Gesundes Gebiß	1-3 Zähne kariös	mehr als 3 Zähne kariös	Insges.
%	%	%	%
8	63	29	100

Über den Zusammenhang dieser Befunde mit der Arbeitslosigkeit der Eltern werden Daten in einem späteren Abschnitt beigebracht.[6]

Die müde Gemeinschaft

Wir kennen die Geschichte Marienthals und die wirtschaftliche Lage, in der es sich befindet. Jetzt treten wir in den Ort, und der Eindruck, den wir gewinnen, ist der einer abgestumpften Gleichmäßigkeit. Was uns im weiteren Verlauf noch in den verschiedensten Belegen begegnen wird, das tritt uns von allem Anfang an in einem einförmigen, bewegungsarmen Bild entgegen: hier leben Menschen, die sich daran gewöhnt haben, weniger zu besitzen, weniger zu tun und weniger zu erwarten, als bisher für die Existenz als notwendig angesehen worden ist.

Um ein Maß dafür zu haben, wie sehr das Leben in Marienthal durch die Arbeitslosigkeit verändert worden ist, muß man versuchen, sich ein Bild von dem Temperament und dem Leben des Ortes in normalen Zeiten zu machen. Gern erzählen die Leute, wie es vor der Arbeitslosigkeit in Marienthal aussah:

Frau P.: »Früher war es ja herrlich in Marienthal, schon die Fabrik war eine Zerstreuung. Im Sommer ist man spazieren gegangen und die vielen Unterhaltungen! Jetzt habe ich gar keine Lust, auszugehen.« – Frau L.: »Meinen Mann lernte ich in Bruck bei der ›Wehr‹ [Abkürzung für ›Volkswehr‹, die österreichische Armee in den Umsturztagen] kennen. Ich fuhr mit unserem Fußballklub hin. Damals war es in Marienthal so, daß, wenn die Fußballer wohin gefahren sind, ganz Marienthal mitfuhr.« – Frau S.: »Früher haben die Kinder immer schöne Sachen gekriegt, Kleider und Spielereien, alles, was sie haben wollten. Vor den Feiertagen bin ich immer nach Wien einkaufen gefahren.« – Herr B.: »Früher bin ich mit meiner Frau oft zu Tanzunterhaltungen gegangen. Das war ein Leben in Marienthal; jetzt ist alles tot im Vergleich.«

Eng war der Kontakt mit der Großstadt; jeder Marienthaler, der etwas auf sich hielt, fuhr mindestens einmal in der Woche mit seiner Frau nach Wien, ging ins Theater oder sonst wohin. Vor allen Feiertagen wurde in Wien eingekauft, viele Kinder nach Wien in Schulen geschickt. Aber auch Marienthal selbst war von Leben erfüllt: Feiern und Veranstaltungen, besonders zur Karnevalszeit, haben dem

Ort in der ganzen Umgebung das Renommée besonderer Lebenslust gebracht; Marienthal war sogar das maßgebende Modezentrum für die umliegenden Dörfer. Die politischen Organisationen führten ein reges, aktives Leben, es wurde viel gelesen, diskutiert und organisiert. Und der Mittelpunkt dieses lebendigen Ortes war die Fabrik. Sie war nicht bloß Arbeitsstätte, sie war das Zentrum des sozialen Lebens. So erzählen die Leute:

Herr L.: »... als ich dann zurückkam, hatte ich keine Lust mehr zum Schuster. Ich wollte in die Fabrik. Dort war ein besseres Leben. Bei der Schusterei sitzt man den ganzen Tag mit zwei, drei Leuten; in der Fabrik ist es ganz anders, da hat man eine Menge Kollegen, und wenn die Arbeit aus ist, ist man frei, und es ist ein biß'l eine Hetz.« – Frau W.: »Trotzdem ich früher in der Fabrik viel mehr Arbeit hatte, war mir diese Zeit die liebste. Ich habe gern gearbeitet, und man konnte sich mehr rühren.«

Alles das ist verschwunden. In der Fabrik ist es still geworden. Irgendwo hört man über die leeren Höfe hin einen klingenden Hammer alte Ziegeln aus der Mauer schlagen. Das ist die letzte Arbeit, die die Fabrik zu vergeben hat.

Gegenüber der Fabrik liegt der große, einstmals herrschaftliche Park. Auf ihn waren die Marienthaler sehr stolz. Am Sonntag waren sie auf den Bänken in der Allee mit den sorgfältig geschnittenen Sträuchern gesessen, waren auf den gepflegten Wegen spazieren gegangen. Jetzt ist der Park verwildert: Unkraut wuchert auf den Wegen, die Rasenflächen sind zerstört. Obwohl fast jeder Marienthaler Zeit dafür hätte, kümmert sich niemand um den Park.

Auch der Montessori-Kindergarten, den die Marienthaler Arbeiter ihren Kindern eingerichtet hatten, mußte gesperrt werden, da man die Kindergärtnerin nicht mehr bezahlen konnte. Das schöne Spielzeug und Beschäftigungsmaterial liegt wohlverpackt in einer Kiste im Arbeiterheim.

Früher haben die Marienthaler darauf gewartet, daß all das wieder einmal vorübergeht. Noch in allerletzter Zeit tauchten immer wieder Gerüchte von einem tschechischen Fabrikanten auf, der angeblich die Weberei wieder in Betrieb setzen wollte. Aber jetzt glaubt das kaum noch jemand. Keiner erwartet mehr eine Änderung.

Wie dieser allgemeine Niedergang die einzelnen Lebensäußerungen der Arbeitslosen des Ortes berührt, davon geben die Daten einiger Institutionen von Marienthal beredte Auskunft. Der Obmann der Theatersektion erzählt:

»Wenn man vom Jahre 1929 absieht, so ist eigentlich der größte Unterschied gegen früher der, daß bei den Spielern nicht mehr die richtige Begeisterung herrscht. Man muß sie zwingen zum Spielen, sie haben wegen der Not nicht mehr den Kopf bei der Sache. Einige gute Spieler sind abgewandert. Trotzdem jetzt viel mehr Zeit ist, ist nicht mehr die richtige Lust vorhanden. Die Theatersektion wird deshalb nicht zugrunde gehen, aber man muß sich halt viel mehr anstrengen, daß man aus den Leuten etwas herausbringt.«

Auch das Bibliotheksbuch der Marienthaler Arbeiterbibliothek zeigt das Einschrumpfen der Lebensäußerungen. Die Zahl der Entlehnungen ist vom Jahre 1929 auf das Jahr 1931 um 48,7 Prozent gesunken, obwohl früher eine Entlehnungsgebühr verlangt wurde, während heute die Bücher völlig kostenlos verliehen werden. Zunächst hat sich die Zahl der Leser verringert; aber auch die wenigen, die der Bibliothek treu geblieben sind, lesen jetzt viel seltener als früher. Es betrug:

Bandzahl pro Entlehner

1929	1930	1931
3,23	2,3	1,6

Daß es sich hier wirklich um ein Sinken des Interesses handelt und nicht um einen Mangel an Büchern in der Bibliothek, deren lesenswerte Bände man bald kennt, ergibt sich schon daraus, daß kurz vor der Arbeitseinstellung der Bücherstand durch Ankauf einer Bibliothek eines benachbarten Ortes erweitert worden war.

Es ist also nicht so einfach, wie immer wieder angenommen wird, daß der Arbeitslose seine Zeit zur Weiterbildung verwenden könnte. Wenn man an seiner Situation nur das Zeithaben sieht und sonst nichts, mag man sich über das Abnehmen der Leselust wundern; wer die Gesamthaltung beurteilt und nicht nur einen Ausschnitt aus ihr, wird in diesen Zahlen nur eine charakteristische Bestätigung der Grundhaltung der Arbeitslosen sehen. Die Leute sprechen das oft auch selbst aus:

Herr S.: »Meine freie Zeit verbringe ich größtenteils zu Hause. Seit ich arbeitslos bin, lese ich fast überhaupt nicht mehr. Man hat den Kopf nicht danach.« – Frau F.: »Früher habe ich viel gelesen, ich habe die meisten Bücher in der Bibliothek gekannt. Jetzt lese ich weniger. Mein Gott, man hat jetzt andere Sorgen!«

Wir werden im folgenden zeigen können, wie eine Reihe von Institutionen durch die Schrumpfung bestimmter Lebensäußerungen verändert wird und wie diese tiefgreifenden Veränderungen bis weit in das private Leben der Arbeitslosen hineinreichen. Das Gebiet, auf dem das am deutlichsten in Erscheinung tritt, ist die Politik. Es ist typisch für die Gesamtlage, wenn ein führender politischer Funktionär des Ortes berichtet:

»Früher habe ich die Arbeiterzeitung[1] auswendig können, jetzt schau ich sie nur ein biß'l an und werf sie weg, trotzdem ich mehr Zeit hab.«

Tatsächlich ist vom Jahre 1927 auf das Jahr 1930 die Abonnentenzahl der Arbeiterzeitung um 60 Prozent gesunken. Das ist nicht, wie man annehmen könnte, als bloße Sparmaßnahme zu deuten, denn die Arbeiterzeitung gibt ein Arbeitslosenabonnement aus, das nur 4 G pro Nummer kostet; es ist das Interesse an der Politik geringer geworden. Die Abonnentenzahl des »Kleinen Blatts«, das dieselbe politische Richtung hat, nur im ganzen mehr auf Unterhaltung als auf Politik eingestellt ist, ist trotz seinem höheren Preis – 10 G pro Nummer – nur um 27 Prozent gesunken.

Einen näheren Einblick in die besondere Art dieses Interessenrückganges gewährt das Studium der Mitgliederzahl einiger Vereine des Ortes, wobei daran zu erinnern ist, daß diese Vereine durchweg politisiert sind, d. h. im engen Anschluß an die einzelnen Parteien bestehen.

Nur die Sozialdemokratische Partei besitzt eine ausgedehnte politische Organisation, während bei den anderen Parteien unpolitische Vereine die Funktion eines Sammelpunktes haben. So ist z. B. für die deutschnational Orientierten der »Deutsche Turnverein« und, offenbar für die älteren Mitglieder, der »Deutsche Gesangverein« ein derartiger Konzentrationspunkt. Folgende Vereine verzeichnen einen beträchtlichen Rückgang ihres Mitgliederstandes;

er betrug vom Jahre 1927 auf das Jahr 1931:

Sozialdemokratische Partei	33%
Deutscher Turnverein	52%
Deutscher Gesangverein	62%

Da die Mitgliedsbeiträge für Arbeitslose bei allen Vereinen auf ein Mindestmaß herabgesetzt worden sind, ist das materielle Opfer nicht entscheidend. Das zeigt sich mit großer Deutlichkeit auch darin, daß es, wie weiter unten berichtet wird, Vereine gibt, deren Mitgliederbestand wächst. Die politischen Hauptvereine haben durchweg schwere Verluste erlitten. Der verschiedene Grad der Einbußen erklärt sich wohl zum Teil aus der verschiedenen Straffheit der Organisation, die in der Sozialdemokratischen Partei durch die politische Tradition und im Turnverein durch die militärische Ordnung wohl stärker ist als im Gesangverein. Ein Teil der im Gesangverein organisierten Beamten ist allerdings gleich nach Stillegung der Fabrik abgewandert.

Es kommt zuweilen, besonders wenn politische Parteien Hilfsaktionen durchführen, vor, daß Leute versuchen, von beiden Seiten etwas zu erhalten; gelegentlich gibt es eine regelmäßige Doppelmitgliedschaft bei politisch entgegengesetzten Vereinen, doch ist die Kontrolle in der Ortsgemeinschaft durch den ständigen Kontakt so groß, daß das zahlenmäßig kaum eine Rolle spielt.

Von der anderen Seite her gesehen sind, namentlich unter den jungen Leuten, nur mehr die wenigen politisch tätig, die in Arbeit stehen. Die Gruppe der Sozialistischen Arbeiterjugend hat 37 Mitglieder; davon sind nur sieben arbeitslos. Sogar ein Funktionär dieser Gruppe legte, als er arbeitslos wurde, alle seine Funktionen nieder und zog sich politikmüde zurück.

Die Bewohner sehen dieses Nachlassen der politischen Aktivität sehr deutlich. Von den politischen Funktionären aller Richtungen wird einstimmig festgestellt, daß die politischen Feindseligkeiten im Ort seit der Arbeitslosigkeit viel geringer geworden sind.

Diese Tatsache, die in seltsamem Widerspruch steht zu allem, was im Augenblick im Deutschen Reich vorgeht, ist wohl darauf zurückzuführen, daß in dem kleinen Marienthal alle Menschen, ohne Rücksicht der Parteizugehörigkeit, das gleiche Schicksal zu ertragen haben. Allerdings muß bei der ganzen folgenden Darstellung die Möglichkeit im Auge behalten werden, daß immer auch nationale Eigentümlichkeiten der Österreicher mitspielen, die z. B. in Norddeutschland anders sein und dann auch zu anderen Wendungen führen könnten.

Tatsächlich sind aus der Geschichte Marienthals politische Schlägereien, etwa nach Versammlungen, bekannt und scheinen durchaus keine Seltenheit zu sein. Im letzten, im ganzen Land mit ziemlicher Heftigkeit geführten Wahlkampf vor den Landtagswahlen am 24. April 1932 waren die Gegensätzlichkeiten auf ein paar Plakatvernichtungen beschränkt. Sonst verliefen die Wahlen völlig ruhig. Wieweit freilich neu auftauchende politische Ereignisse, wie z. B. die Gründung einer nationalsozialistischen Ortsgruppe, die in jüngster Zeit erfolgte, dieser Tendenz zur Milderung der Gegensätze entgegentritt, läßt sich vorweg nicht beurteilen.

Nicht weniger aufklärend ist ein Blick auf jene Organisationen, die nicht so sehr unter der Krise gelitten haben. Schon der Arbeiterverein »Kinderfreunde« weist in den Jahren 1927-1931 einen Rückgang von nur 25 Prozent auf. Die Mitgliederzahlen des Vereins der Arbeiterradfahrer sind unverändert geblieben, und zwei Vereine haben ihren Bestand an Mitgliedern sogar erheblich erweitert: der katholische Verein »Frohe Kindheit« und der sozialdemokratische Feuerbestattungsverein »Die Flamme«, der im angegebenen Zeitraum einen Zuwachs von 19 Prozent verzeichnet.

Die Deutung dieser Zahlen fällt nicht schwer: Die drei zuletzt genannten Vereine bieten ihren Mitgliedern mehr oder weniger unmittelbare materielle Vorteile; der Radfahrverein erleichtert das Einzahlen der Versicherung für die Fahrräder, die von ihren Eigentümern sorgfältig behütet werden; sind sie doch, da niemand mehr die Eisenbahn bezahlen kann, die wichtigste Verbindung mit der Umgebung und etwaigen Arbeitsmöglichkeiten, die sich noch bieten. Der Verein »Frohe Kindheit« erhält einen Kindergarten, und die bescheidenen Mitgliedsbeiträge zur »Flamme« verhindern den gefährlichen Riß, den ein Todesfall durch die Begräbniskosten regelmäßig in die ohnehin schon minimalen Budgets bringt.

So läßt sich, reiht man die angeführten Vereine nach dem Gesichtspunkt des unmittelbaren materiellen Interesses, folgende These aufstellen: Mit steigender Not entwickelt sich die Mitgliedschaft bei Vereinen aus einer Gesinnungssache zu einer Interessenangelegenheit. Aber man verstehe richtig: Die Gesinnung wird nicht geändert, sie verliert nur, gegenüber den Sorgen des Alltags, an gestaltender Kraft. Es ist, als ob die kulturellen Werte, die im politischen Kampf stecken, erstarrt wären oder sogar wieder primitiveren Formen des Kampfes Platz machten.

Die inhaltliche Konstanz der politischen Haltung erweisen die Wahlziffern.

Wahlen	Wahlbeteiligung (in %)	Sozialdemokr. (in %)	Christl.-Soziale (in %)	andere (in %)
1929 Gemeinderat	92	80,4	16,6	3,0
1930 Nationalrat	94	80,5	16,6	2,9
1932 Landtag	92	79,6	14,6	5,8

Wir sehen also eine weitgehende Unbeweglichkeit der Wahlziffern. Die prozentuelle Stimmenabnahme der Sozialdemokraten von 1930 auf 1932 – es handelt sich um 14 Stimmen – läßt sich durch Abwanderung einiger Arbeitsloser erklären.

Der Rückfall von der höheren kulturellen Stufe der politischen Auseinandersetzung auf die primitivere der individuellen gegenseitigen Gehässigkeit ist fast aktenmäßig zu belegen. Wir denken dabei an die anonymen Anzeigen, die wegen unbefugter Gelegenheitsarbeit trotz Bezug der Arbeitslosenunterstützung erstattet wurden. Die Strafe dafür ist oft langdauernder Entzug der Unterstützung. Gewöhnlich sind diese Anzeigen eine Reaktion auf eine Veränderung der eigenen Unterstützungshöhe oder ein individueller Racheakt. Eine solche Anzeige sieht beispielsweise so aus:

»Mache die Industrielle Bezirkskommission aufmerksam, daß Herr N. N. (genaue Anschrift) beim Bauer arbeitet und dabei aber die Arbeitslosenunterstützung bezieht, hat auch eine Hühner- und Kaninchenzucht und die Frau hat auch Unterstützung. Andern wird die Unterstützung gleich entzogen, wenn einer biß'l was verdient nebenbei; solche, die es nicht Not haben, beziehen die Arbeitslose und andere können verhungern.«

In den letzten Jahren wurden folgende Anzeigen von Marienthalern gegen Marienthaler erstattet:

	Zahl der Anzeigen	davon unberechtigt
1928/29	9	3
1930/31	28	21

Bemerkenswert ist, daß auch der Prozentsatz der unberechtigten Anzeigen steigt.

Wir vermuten, daß sich die sozialen Auseinandersetzungen auf ein tieferes Niveau gesenkt haben. Ob aber im ganzen die Zahl der feindseligen Verhaltensweisen zu- oder abgenommen hat, können wir nicht sagen, schon weil uns ein Maß für die Zustände in früheren Zeiten fehlt; ganz abgesehen von den methodischen Schwierigkeiten, die hier quantitativen Angaben überhaupt entgegenstehen. Sicher ist, daß sich neben den erwähnten Akten persönlicher Gehässigkeit in vielen anderen Fällen eine große Hilfsbereitschaft und Solidarität findet. Im Tagebuch eines 35jährigen Arbeitslosen findet sich folgende Eintragung:

»Heute kam unsere Nachbarin herüber und fragte, ob sie den Kindern einen Teller Suppe bringen dürfe. Die Menschen sind doch gut in der Not.«

Marienthaler Arbeitslose haben z. B. auch drei Kinder einer berüchtigten Trinkerin wochenlang über Wasser gehalten, bis die Fürsorge sich ihrer erbarmte.

Nach der Meinung einzelner Funktionäre, mit denen wir uns besprachen, ist im ganzen die Verteilung gemeinschaftsfördernden und gemeinschaftsfeindlichen Verhaltens die gleiche geblieben wie früher. Das fügt sich unserem Gesamteindruck wohl ein: die asozialen Momente, die in der gefährdeten Lebensführung liegen mögen, kommen infolge der abnehmenden Aktivität nicht zur Geltung. Das durchschnittliche Solidaritätsniveau scheint durch einen Ausgleich von Erregung und Ermüdung vorläufig nicht verändert. Auf Veränderungen im Familienverband kommen wir im sechsten Kapitel noch zu sprechen. Wir haben in diesem Kapitel jene Daten zusammengefaßt, von denen aus man sich ein erstes Bild von dem Leben in Marienthal machen kann. Es wird die Aufgabe der nächsten Kapitel sein, in dieses Bild die wesentlichsten Einzelzüge einzufügen.

Die Haltung

Die Erhebungsarbeit in Marienthal begann damit, daß wir hundert Familien einen Hausbesuch abstatteten, um sie nach ihren besonderen Wünschen bei einer von uns geplanten Kleideraktion zu fragen. Diese Besuche wurden dazu benutzt, durch Beobachtungen und Gespräche Material über die Grundhaltung dieser Familien zu sammeln. Als dann die Kleider bei uns abgeholt wurden, fragten wir die Betreffenden nach ihren Lebensgeschichten, die gewöhnlich bereitwillig erzählt wurden. Dieselben Menschen beobachteten wir in den verschiedensten Situationen: bei unseren Kursen, in politischen Versammlungen, führten über sie und mit ihnen Gespräche, und stets wurde das gesamte Material sofort protokolliert. Daraus und aus dem Spezialmaterial (Eßverzeichnisse, Zeitverwendungsbogen usw.) entstand dann eine ausführliche Lebensbeschreibung jeder Familie, die wir hier für zwei Durchschnittsfamilien auszugsweise wiedergeben.

Familie 366:

Mann, Frau, fünf Kinder, zusammen 5,0 Verbrauchseinheiten. Arbeitslosenunterstützung des Mannes: 49 S, der Frau 22,40 S für 14 Tage. Daher Einkommen pro Tag und Verbrauchseinheit: 1,02 S – Schrebergartenbesitzer.

Aus dem *Hausbesuchspotokoll:* Die Wohnung – ein kleines Zimmer, eine große Wohnküche – ist nett gehalten. Trotz dem großen Platzmangel liegt nirgends etwas herum. Die Kinder sind sauber und gepflegt, die Frau erzählt, daß sie ihnen alle Sachen selbst flickt und richtet. Trotzdem wird die Kleiderknappheit schon sehr arg. Frau wünscht sich bei der Kleideraktion einen Mantel für ihren vierzehnjährigen Sohn. Erzählt, daß sie ihren Radioapparat vor ein paar Monaten verkauft haben und keine Zeitung mehr halten können, weil es zu teuer ist. Sie plagt sich sehr mit der Wirtschaft, aber manchmal hilft ihr der Mann bei der Arbeit. Auch die Kinder helfen mit.

Aus der *Lebensgeschichte des Mannes:* Solange er gearbeitet hat, ist es ihm immer gut gegangen. Er hat sich nie etwas gefallen lassen und immer sein Recht durchgesetzt. Allerdings hat er öfter seinen Arbeitsplatz wechseln müssen. Er war auch im Krieg, das war nicht die schlechteste Zeit für ihn. Im Nebenberuf war er früher Kapellmeister, mit großer Leidenschaft bei der Sache. Betätigt sich auch jetzt noch manchmal als solcher, aber heute können die Leute für Musik ja nichts mehr bezahlen. Er fuhr früher oft nach Wien, um Musik zu hören; jeden Samstag abend ging er ins Wirtshaus. Das hat jetzt natürlich beides aufgehört. – Er glaubt nicht, daß es sich in Marienthal noch jemals bessern wird. Der Staat ist schuld an dem Elend, der Staat soll ihn auch erhalten. Er macht gar keinen besonders unzufriedenen Eindruck. »Man kann auch so leben.«

Aus *Gesprächen:* »Ledige Burschen haben es leichter, die können auswandern. Aber mit der Familie? ...« »Die Kinder hätte ich gern lernen lassen, aber jetzt muß man froh sein, wenn man ihnen noch etwas zu essen geben kann.« Der Betriebsingenieur schildert ihn als einen besonders qualifizierten Arbeiter.

Aus *Beobachtungen:* Der Mann ist organisiert, doch politisch nicht allzusehr interessiert. Er geht viel spazieren, spielt oft im Arbeiterheim Karten. Seine Frau nimmt mit großem Eifer an unserem Schnittzeichenkurs teil, den sie nicht ein einziges Mal versäumt hat. Macht sogar für ihren Mann Anzugreparaturen. Das Gabelfrühstück der Schulkinder ist am Tage vor und am Tage nach der Unterstützungszahlung gleich (Schmalzbrot). Eine Tochter, die verschiedene Dienstplätze angenommen hatte, kommt immer wieder nach Hause zurück, weil sie sich hier am wohlsten fühlt. Aus dem Eßverzeichnis ersieht man, daß die Familie nur einmal in der Woche Fleisch (Pferdegulasch) ißt.

Aus diesem Protokoll ergeben sich Hinweise auf Art und Umfang der Bedürfnisreduktion: man verzichtet auf Zeitung und Radio, auf die Fahrten nach Wien und den Gasthausbesuch: »Man kann auch so leben« meint der Mann einmal gleichgültig. Vor allem aber wird am Essen und an den notwendigsten Kleideranschaffungen gespart. Auch auf die Ausbildung der Kinder muß verzichtet werden. Aufrechterhalten werden um den Preis aller Einschränkungen die körperliche Pflege der Kinder und die geordnete Haushaltsführung, was sich z. B. in dem Versuch zu regelmäßiger Ernährung der Kinder (Gabelfrühstück) zeigt. –

Eine andere Familie:

Familie 23:

Mann, Frau, drei Kinder. Zusammen 3,6 Verbrauchseinheiten. Arbeitslosenunterstützung des Mannes: 47,40 S, der Frau: 22,40 S für 14 Tage. Daher Einkommen pro Tag und Verbrauchseinheit: 1,38 S – Schrebergartenbesitzer.

Aus dem *Hausbesuchsprotokoll:* Die Wohnung – großes Zimmer, Küche und Vorraum – ist gut gehalten. Die Kinder sind rein und nett gekleidet. Die Frau wünscht sich bei der Kleideraktion einen Rock für den Mann. Frau erzählt, daß sie sich nicht nach einem Nebenverdienst umsehen kann, weil die Kinder zu klein sind. Der Mann hilft ihr viel zu wenig bei der Hausarbeit. Sie glaubt nicht, daß es in M. je noch anders werden könne, sie hat gar keine Pläne. Aber irgendwie wird man schon weiterleben. – Das Mittagessen wird eben angerichtet. Es besteht aus eingebrannten Bohnen.

Aus der *Lebensgeschichte des Mannes:* Er wollte Fleischhauer werden, der Vater hat es nicht erlaubt. Darauf erklärte er, wenn er nicht Fleischhacker werden dürfe, wolle er gar nichts lernen, und ging sofort nach der Schule als ungelernter Hilfsarbeiter in die Fabrik. Er war im Krieg in Rußland gefangen. »Nie ist es mir so gut gegangen wie dort.« Er hätte dort bleiben können, »aber man gehört doch in die Heimat«. Seit dem Jahr 1921 lebt er in Marienthal. Sein Plan wäre, wieder nach Rußland zu gehen. Aber er unternimmt nichts, um diesen Plan zu verwirklichen. »Derweil geht's noch«, meinte er.

Aus der *Lebensgeschichte der Frau:* Es ging ihr sehr schlecht zu Hause. Ihr größter Wunsch wäre gewesen, Handarbeitslehrerin zu werden. Daran war nicht zu denken. Mit 17 Jahren hatte sie das erste Kind, das bald starb. Seither hat sie bis zum Stillstand der Fabrik gearbeitet. Mit dem Mann hat sie oft Streit, weil er sich um nichts kümmert. Vor der Arbeitslosigkeit war es nicht so arg, aber jetzt ist er nie zu Hause. Sie möchte gern zu Unterhaltungen gehen. Manchmal zwingt sie ihn, zu Hause zu bleiben, und geht weg.

Aus *Beobachtungen:* Der Mann verbringt die meiste Zeit im Arbeiterheim, liest Zeitschriften und Romane. Er ist immer gut aufgelegt und deshalb bei allen sehr beliebt. Früher hat man ihn oft ins Wirtshaus zu Gesellschaften eingeladen, weil er so lustig ist. Zu Hause führt die Frau das Regiment und fordert immer genaue Rechenschaft über die Zeitverwendung des Mannes.

Aus *Gesprächen mit der Frau:* »Irgendwie wird man schon weiterleben; es können doch nicht alle zugrunde gehen.«

Auch hier fällt die Gelassenheit auf, mit der das Schicksal hingenommen wird. »Irgendwie wird man schon weiterleben«, meint die Frau und drückt damit die Möglichkeit weitgehender Reduktion aller Bedürfnisse und Ansprüche aus. Das ist übrigens auch die Meinung des Mannes, wenn er sagt: »Derweil geht's noch.« Natürlich wird auch in dieser Familie wie überall in Marienthal vor allem am Essen gespart. Bei näherer Betrachtung ergeben sich zwischen den einzelnen Protokollen Unterschiede, die recht verschiedene

Haltungen der einzelnen Familien vermuten lassen. Die beiden Haltungsarten, die wir an den Protokollen eingangs gezeigt haben, repräsentieren eine mittlere Haltungsgruppe. Man stößt aber bald auf Abweichungen, die eine feinere Unterscheidung verlangen.

Beginnen wir mit einer Abweichung nach der positiven Seite hin:

Familie 141:

Mann, Frau, zwei Kinder, zusammen 3,0 Verbrauchseinheiten. Arbeitslosenunterstützung des Mannes: 42,60 S, das ist 1 S pro Tag und Verbrauchseinheit. Schrebergartenbesitzer und Kaninchenzüchter.

Aus dem *Hausbesuchsprotokoll:* Die Wohnung – Zimmer, Kabinett, Küche – ist sehr nett gehalten. Die Kinder machen einen ordentlichen und gepflegten Eindruck. Die Frau entschuldigt sich, weil noch nicht alles aufgeräumt ist, obwohl beste Ordnung herrscht. Sie wünscht sich bei der Kleideraktion etwas für ihren neunjährigen Sohn. Zu Mittag gibt es Kaninchenjunges – Rest vom Sonntag.

Aus der *Lebensgeschichte des Mannes:* Hat sich schon in seiner Jugend seiner Meisterin gegenüber tapfer durchgesetzt. Er kam in den Krieg, lehnte dort eine Beförderung ab, weil er überzeugter Kriegsgegner war. Er geriet in italienische Gefangenschaft, lernte die Sprache mit großer Leichtigkeit. Kam nach Marienthal zurück und heiratete eine alte Jugendfreundin. In der Fabrik wurde er bald Vertrauensmann, dann Betriebsratsobmann. Hat ständig sehr viele politische Funktionen. Sein Plan wäre, noch einen Zuschneiderkurs zu machen und einmal in Wien ein Geschäft zu eröffnen. Sein Sohn soll auch Schneiderei lernen. Er ist ein leidenschaftlicher Leser. Er wäre gern nach Frankreich ausgewandert, aber seine Frau war dagegen. Jetzt ist er ganz froh, daß er nicht gegangen ist, weil seine Kollegen Pech gehabt haben.

Aus *Gesprächen:* Er findet auch die gegenwärtige Lage ganz erträglich. Zu tun gibt es für ihn als politischen Funktionär immer noch genug, weil alle ihn um Rat fragen, und verhungern wird man auch nicht so schnell. Kollegen und Vorgesetzte haben ihn immer sehr geschätzt, auch heute noch ist er überall beliebt. Seine Einstellung ist durchaus hoffnungsvoll.

Aus *Beobachtungen:* Die Frau besuchte mit ihren Kindern wiederholt die ärztliche Sprechstunde, hielt sich strikt an alle Weisungen des Arztes. Sie besucht auch alle anderen Veranstaltungen im Ort. – Von früher sind noch eine Anzahl guter Kleidungsstücke vorhanden, die der Vater, wenn es nötig ist, selbst umändert.

An diesem Protokoll fällt gegenüber den früheren zweierlei auf: Die große Sorgfalt der Haushaltsführung und zugleich die Atmosphäre der Zufriedenheit, die von diesem Haushalt ausgeht. Es ist durchaus kein »Fortwursteln«, sondern im Grunde eine recht planvolle Existenz. Der Mann findet die gegenwärtige Lage erträglich, ist hoffnungsvoll und hat für sich und die Ausbildung seines Sohnes eine Reihe von Plänen. Die Blickrichtung auf die Zukunft gibt dieser Familie das Gepräge.

Anders bei den folgenden Familien, die von der mittleren Haltungsgruppe nach unten hin abweichen, was sich in zwei voneinander verschiedenen Formen vollziehen kann. Für die eine ist Familie 363 ein Beispiel:

Familie 363:

Mann, Frau, vier Kinder, zusammen 4,2 Verbrauchseinheiten. Arbeitslosenunterstützung der Frau vor kurzem gestrichen worden, weil der Mann angeblich in der Landwirtschaft verdienen könnte. Daher Einkommen im Augenblick: 0 (laut Angabe). Kaninchenzüchter.

Aus dem *Hausbesuchsprotokoll:* Die Wohnung – Zimmer, Küche, Vorraum in einer Baracke – ist in furchtbarem Zustand. Sehr schmutzig und unaufgeräumt. Die Kinder und die Erwachsenen haben fast nichts zum Anziehen. Frau und Kinder sehr schmutzig, die Wirtschaft macht einen verlotterten Eindruck. Es liegen sehr viele bereits unverwendbare Kleidungsreste herum. Frau beklagt sich, daß ihr Mann nirgends hilft und ihr nur zur Last fällt. Bei der Kleideraktion möchte sie irgend etwas Warmes, egal für wen.

Aus der *Lebensgeschichte der Frau:* Schwere Jugend, sofort nach der Schule kommt sie in die Fabrik. Im Jahre 1925 kommt sie nach Marienthal. Ihre Ehe war früher besser, jetzt ist sie sehr unglücklich verheiratet, er ist nicht unterstützungsberechtigt, weil er nie regelmäßig gearbeitet hat. Er hat sich die ganze Zeit nie um Arbeit gekümmert, alles ihr überlassen. Er geht oft ins Kino und »verschachert« ihr alle Sachen und versucht so, Geschäfte zu machen. Oder er tratscht und spielt Karten. Sie muß sich sogar ihr Holz selbst schneiden.

Aus *Gesprächen:* »Mir ist schon alles eins.« »Wenn ich die Kinder der Fürsorge übergeben kann, wär ich glücklich.«

Aus *Beobachtungen:* Das Haus gilt als besonders streitsüchtig. Die Frau ist wenig beliebt. Der Mann – ein Kriegsinvalide – ist keineswegs schlecht, nur unfähig, etwas zu unternehmen. Die Frau ist ihm geistig überlegen und nutzt das aus.

Wir haben es in diesem Fall mit einem anderen Verhalten zu tun als etwa dem der Familien, die zu Beginn dieses Kapitels geschildert wurden. Es wird gar nicht mehr der Versuch gemacht, Bedürfnisse gegeneinander abzuwägen und eines auf Kosten der anderen doch noch zu befriedigen. Man hat den Eindruck, daß sich diese Familie ganz fallengelassen hat, daß sie an nichts mehr festhält. Kinder und Wohnung – das, was gewöhnlich zuallerletzt vernachlässigt wird – sind in schlimmem Zustand. Hiervon wohl zu unterscheiden ist das Verhalten der Familie 467:

Familie 467:

Mann, Frau, zwei Kinder, zusammen 3,0 Verbrauchseinheiten. Arbeitslosenunterstützung des Mannes: 42 S, das ist 1 S pro Tag und Verbrauchseinheit. Schrebergartenbesitzer.

Aus dem *Hausbesuchsprotokoll:* Die Frau ist sehr nervös, weint gleich, macht einen furchtbar deprimierten Eindruck. Die Wohnung – Zimmer, Kabinett, Küche – ist sehr schön und sauber gehalten, die Kleider aller Familienmitglieder machen einen guten, sauberen Eindruck. Der Mann wünscht bei der Kleiderverteilung Sachen für die Kinder. Er sagt: Das Schrecklichste ist, daß man den Kindern nichts bieten kann. Fürchtet, daß sie zurückbleiben.

Aus der *Lebensgeschichte des Mannes:* Er hat immer sehr hohe Ansprüche ans Leben gestellt, will überall in die Höhe kommen, voller Selbstvertrauen gewesen und Familienstolz. Er lernt und arbeitet und setzt sich überall durch, so daß er bis zum Beginn der Arbeitslosigkeit überzeugt ist, daß ihm nichts geschehen kann. Auch in den ersten Monaten glaubt er noch, daß ein Mann von seinen Fähigkeiten nicht zugrunde gehen kann. Er schreibt im ersten Jahr 130 Offerten, die alle unbeantwortet bleiben. Jetzt kann er nicht mehr. Er erzählt, daß er den halben Tag im Bett liegt, weil er dadurch Frühstück und Heizung spart, verläßt fast nie das Haus. Völlig verzweifelt.

Aus *Gesprächen:* »Besser wird's nicht, nur ärger.« Wünscht sich, daß alles endgültig zusammenbricht. »Ich würde ja gern alles tragen, wenn man's den Kindern ersparen könnte.«

Aus *Beobachtungen:* Von früher sind noch gute Kleidungsstücke vorrätig, die Frau schaut sehr auf die Kinder, die auch regelmäßig in ein Kinderheim geschickt werden. Der Mann sitzt den ganzen Tag zu Hause und macht überhaupt nichts. Hat wenig Kontakt mit den übrigen Ortsbewohnern.

Das Verhalten dieser Familie ist gekennzeichnet durch ein großes Maß an Ordnung: mit Sorgfalt wird versucht, trotz dem materiellen Niedergang den Haushalt so gut als irgend möglich zu führen. Aber verbunden ist diese Ordnung mit einem ungewöhnlichen Maß an Äußerungen der Verzweiflung. Der Rest von Ordnung unterscheidet diese Familie von der früheren, die Stimmung größter Depression von den Familien der Hauptgruppe.

Wir haben nun vier voneinander verschiedene Haltungstypen vorgeführt: Es war nicht immer leicht, die verschiedenen Gruppen voneinander zu trennen; es war vor allem nicht leicht, geeignete Namen für sie zu finden. Wir wollen zusammenfassend noch einmal die Kriterien angeben, die uns veranlaßten, eine Familie dieser oder jener Haltungsgruppen zuzuordnen.

Die schon dem ersten Eindruck nach häufigste Grundhaltung in Marienthal ist die in den ersten beiden Protokollen niedergelegte. Das gleichmütig erwartungslose Dahinleben, die Einstellung: man kann ja doch nichts gegen die Arbeitslosigkeit machen, dabei eine relativ ruhige Stimmung, sogar immer wieder auftauchende heitere Augenblicksfreude, verbunden mit dem Verzicht auf eine Zukunft, die nicht einmal mehr in der Phantasie als Plan eine Rolle spielt, schien uns am besten gekennzeichnet durch das Wort »Resignation«. Mag sich diese Verwendung vielleicht nicht völlig mit dem Sprachgebrauch decken, der das vorübergehende Bild der Zufriedenheit, das solche »resignierte« Familien manchmal bieten, nicht einschließt; es schien uns jedoch kein anderes Wort annähernd so geeignet, diese reduzierten Ansprüche und die erwartungslose Grundhaltung zum Leben zu charakterisieren. Wir fanden in allen diesen Fällen auch immer einen recht geordneten Haushalt vor, die Kinder behütet und nicht vernachlässigt. Greifen wir aus dieser Schilderung schlagwortartig die Kriterien heraus, die uns veranlassen, eine Familie als resigniert zu bezeichnen, so ergibt sich: keine Pläne, keine Beziehung zur Zukunft, keine Hoffnungen, maximale Einschränkung aller Bedürfnisse, die über die Haushaltungsführung hinausgehen, dabei aber Aufrechterhaltung des Haushaltes, Pflege der Kinder und bei alledem ein Gefühl relativen Wohlbefindens.

Die Haltung, die uns Familie 141 repräsentiert, ist davon gut zu unterscheiden: Man hat bei diesen Familien vor allem den Eindruck einer größeren Aktivität. Ihre Haushaltungsführung ist ebenso geordnet wie die der Resignierten, aber ihre Bedürfnisse sind weniger reduziert, ihr Horizont ist weiter, ihre Energie größer. Wiederum war es nicht einfach, einen geeigneten Ausdruck für dieses Verhalten zu finden. Wir wählten schließlich das Wort »ungebrochen« und stellten folgende Kriterien für diese Haltung auf: Aufrechterhalten des Haushaltes, Pflege der Kinder, subjektives Wohlbefinden, Aktivität, Pläne und Hoffnungen für die Zukunft, aufrechterhaltene Lebenslust, immer wieder Versuche zur Arbeitsbeschaffung.

Die beiden anderen Haltungsgruppen lassen sich gemeinsam als gebrochen bezeichnen. Doch sind die Unterschiede zwischen ihnen so groß, daß wir uns entschlossen, jede als einzelne Haltungsgruppe zu charakterisieren. Das Gebrochensein tritt nämlich im ersten Fall, den wir geschildert haben, auf einem ganz anderen Lebensgebiet auf als im zweiten: bei Familie 363 in der Haushaltsführung, bei Familie 467 in den Stimmungsäußerungen.

Sehen wir uns vorerst die Gruppe an, die sich in ihrer äußeren Lebensführung nicht sonderlich von den oben charakterisierten unterscheidet, diese aber subjektiv ganz anders erlebt. Diese Menschen sind völlig verzweifelt, und nach dieser Grundstimmung erhielt die Verhaltensgruppe ihren Namen. Wie die Ungebrochenen und die Resignierten halten auch sie in ihrem Haushalt noch Ordnung, pflegen auch sie ihre Kinder. Diese Haltungskriterien gehören also auch notwendig zur Gruppe der Verzweifelten. Es kommen aber noch hinzu: Verzweiflung, Depression, Hoffnungslosigkeit, das Gefühl der Vergeblichkeit aller Bemühungen und daher keine Arbeitssuche mehr, keine Versuche zur Verbesserung sowie häufig wiederkehrende Vergleiche mit der besseren Vergangenheit.

Die letzte Verhaltensweise schließlich (Familie 363) unterscheidet sich von den drei übrigen durch das Aufgeben des geordneten Hausstandes. Mit apathischer Indolenz läßt man den Dingen ihren Lauf, ohne den Versuch zu machen, etwas vor dem Verfall zu retten. Wir bezeichnen diese Gruppe auch als apathisch. Das Hauptkriterium für diese Haltung ist das energielose, tatenlose Zusehen. Wohnung und Kinder sind unsauber und ungepflegt, die Stimmung ist nicht verzweifelt, sondern indolent. Es werden keine Pläne gemacht, es besteht keine Hoffnung; die Wirtschaftsführung ist nicht mehr auf Befriedigung der wichtigsten Bedürfnisse gerichtet, sondern unrationell. In dieser Gruppe finden wir die Trinker des Ortes. Die Familie zeigt Verfallserscheinungen, es gibt viel Streit; Betteln und Stehlen sind häufige Begleiterscheinungen. Nicht nur für die weitere Zukunft, schon für die nächsten Tage und Stunden herrscht völlige Planlosigkeit. Das Unterstützungsgeld wird schon in den ersten Tagen verbraucht, ohne daß bedacht würde, was in der übrigen Zeit geschehen soll.

Wie man sieht, ist für drei der vier Haltungsgruppen die Aufrechterhaltung des Budgets charakteristisch. Aus den Gesprächen mit den Frauen, aus der Art, wie sie alle Zahlen präsent haben, merkt man, wie das Disponieren über die kleinen Beträge sie andauernd beschäftigt. Dadurch konnten wir ja auch im vorigen Kapitel eine kleine Übersicht über das Budget geben, obwohl wir das Führen von Haushaltungsbüchern nur in wenigen Fällen durchsetzen konnten. Aber es ist ebenso bezeichnend, daß in diese strengen Einteilungen immer wieder Stellen ganz irrationaler Wirtschaftsführung eingesprengt sind. Ob man sie als erstes Zeichen abbröckelnder Ordnung, ob man sie als die letzten Zusammenhänge mit dem Erlebnisreichtum der früheren Zeit interpretieren soll, läßt sich allgemein wohl nicht entscheiden. Wir wollen Beispiele für solche Episoden geben, auf die wir immer wieder gestoßen sind:

In vielen Schrebergärten werden, obwohl die Leute auf Gemüse und Kartoffeln sehr angewiesen sind, Blumen gepflanzt; da gibt es Beete, die eine Ernte von 80 kg Kartoffeln liefern könnten, mit Nelken, Tulpen, Rosen, Glockenblumen, Stiefmütterchen und Dahlien. Auf die Frage, warum das geschieht, lautet die Antwort: »Man kann doch nicht nur vom Essen leben, etwas muß man doch auch fürs Gemüt haben. Es ist auch so schön, wenn man zu Hause eine Vase mit Blumen hat.«

Eine schon seit einem Jahr ausgesteuerte Familie, die in ihrem Haushalt aus Ersparungsrücksichten nur mehr Sacharin verwendet, deren Kinder völlig verwahrlost sind, kauft eines Tages bei einem Hausierer für 30 G ein Pappendeckelbild von Venedig. Eine andere nur auf die Notstandsunterstützung angewiesene Familie beschafft sich aus Anlaß eines Todesfalls für schweres Geld schwarze Kleidung, eine 50jährige Frau kauft sich plötzlich beim Ratenhändler eine Lockenschere.

Besonders häufig knüpfen solche Episoden an die hilflos gewordene Liebe zu den Kindern an. Einzelne typische Beispiele:

Ein zwölfjähriger Junge, der am Tage vor der Auszahlung zum vierstündigen Unterricht ohne einen Bissen Brot erschienen war, bekommt am nächsten Tag eine Wurstsemmel, zwei Krapfen und ein Stück Schokolade mit.

Der Kolporteur, der Bilderbücher und Kalender verkauft, berichtet, daß der Bezug von Bilderbüchern lange nicht so stark zurückgegangen ist wie der Ankauf von Kalendern; ja in einzelnen Fällen hat er neue Kunden in Frauen bekommen, die in plötzlichem Entschluß gelegentlich eines Festes ein Bilderbuch als Geschenk für ein Kind angeschafft haben.

Vielleicht zeigt das erste oder letzte Beispiel noch Sehnsucht nach einem Rest von Freude, die anderen Fälle könnte man als Auflösungssymptome ansehen. Jedenfalls sollten die Beispiele daran erinnern, daß auch die so eingeschränkte Lebensführung der Marienthaler sich nicht immer auf einen Nenner bringen läßt. Trotzdem wird man sehen, daß das Marienthaler Leben in seiner Gesamtheit vor allem durch jene allgemeinen Züge bestimmt wird, die wir durch unsere Haltungstypen zu treffen versucht haben. Wir wenden uns deshalb wieder unseren vier Gruppen zu und geben eine Übersicht über ihre Verteilung in Marienthal.

Wir haben hundert Familien so eingehend beobachtet, daß wir alle Feststellungen machen konnten, die zur Einordnung in eine der Haltungsgruppen notwendig waren; Beispiele solcher Einordnung findet man auf den vorangegangenen Seiten. Diese hundert Familien waren uns beim Beginn unserer Winterhilfsaktion als »besonders berücksichtigenswert« bezeichnet worden; von ihnen waren

	in Prozenten
ungebrochen	16
resigniert	48
verzweifelt	11
apathisch	25
	100

Im späteren Verlauf der Untersuchung, als wir die gesamte Bevölkerung genauer kennenlernten, sahen wir, daß tatsächlich in diesen hundert alle gebrochenen Familien Marienthals eingeschlossen waren. Von den 478 Familien sind also 2,3 Prozent verzweifelt, 5,3 Prozent apathisch, rund 8 Prozent unter dem Druck der Arbeitslosigkeit zusammengebrochen. Der Rest dürfte sich auf die Haltungsgruppe »resigniert« und »ungebrochen« ungefähr so verteilen wie unsere Untergruppe. Das entspricht nicht nur unserem allgemeinen Eindruck, sondern ist auch in einem anderen Zusammenhang plausibel: die Variationen der Lebensführung sind recht gering, und ein großer Teil der »besonders berücksichtigungswerten« Familien repräsentiert schon durchaus den Marienthaler Durchschnitt. Das haben wir später, als wir selbständig vergleichen konnten, deutlich gesehen. Der nichtgebrochene Teil der Bevölkerung ist also zu drei Vierteln resigniert, zu einem Viertel ungebrochen, die Worte im exakten Sinn unserer oben gegebenen Analyse verwendet. Fassen wir die apathischen und die verzweifelten in der Gruppe »gebrochen« zusammen, dann dürfen wir also abschätzen, daß sich die Marienthaler Familien folgendermaßen auf unsere Haltungsgruppen verteilen:

	in Prozenten
ungebrochen	23
resigniert	69
gebrochen	8
	100

Es hat – abgesehen vom Druck der allgemeinen Verhältnisse – vielleicht noch einen besonderen Grund, warum wir, als unsere Untersuchung einsetzte, nur eine so kleine Zahl von Familien fanden, in denen die Hoffnung, noch einen Ausweg zu finden, durchgehalten wurde. Wahrscheinlich ist es gerade ein Teil der aktivsten und energischsten Marienthaler, der sich vor unserem Eintreffen dem allgemeinen Ortsschicksal durch Abwanderung entzogen hat.

Als Abwanderungsgebiet kommt die nächste Umgebung natürlich nur wenig in Betracht; vor allem handelt es sich um Dauerabwanderungen in die Tschechoslowakei und um befristete nach Rumänien. Seit dem Jahr 1930 sind insgesamt 60 Personen abgewandert. Es hätten seinerzeit in Rumänien noch mehrere Vorarbeiter unterkommen können, aber es konnte sich niemand mehr entschließen. Die Leute haben die Einstellung: wir sind hier arbeitslos geworden, hier wollen wir auch eine Besserung abwarten, wer weiß, wie es uns anderswo geht. Diese Einstellung wurde bestärkt durch die schlechten Erfahrungen, die ein paar nach Frankreich ausgewanderte Marienthaler gemacht hatten.

Hier interessiert vor allem das Alter der Abgewanderten. Von den 60 Abgewanderten sind nur 13 über 40 Jahre, 47 sind unter 40 Jahre, 27 von ihnen sind unter 30 Jahre. Wir sehen also, daß ein beträchtlicher Teil der Marienthaler Jugend – und wahrscheinlich gerade der energische und besonders lebensfähige – in unserer Erhebung nicht vorkommt, weil er abgewandert ist.

Und trotzdem: Läßt man sich von dem unmittelbaren Eindruck leiten, den man durch den Kontakt mit der Bevölkerung gewinnt, so empfindet man das ganze Ortsleben noch stärker durch die resignierte Haltung bestimmt, als es den oben gegebenen Zahlen entspräche. Die ungebrochenen und die gebrochenen Existenzen scheinen zurückzutreten gegenüber dem Eindruck einer als Ganzes resignierten Gemeinschaft, die zwar die Ordnung der Gegenwart aufrechterhält, aber die Beziehung zur Zukunft verloren hat.

Das kommt daher, daß ganze Bevölkerungsgruppen, nach anderen Gesichtspunkten als dem der Familienzugehörigkeit zusammengefaßt, gleichfalls die Kriterien der Resignation zeigen. Wir meinen die Altersgruppen der Kinder und die der Jugendlichen. Bei beiden ist der Eindruck der Resignation um so auffallender, als man bei diesen Altersgruppen im allgemeinen alles eher als Resignation erwartet. Wir versuchen diesen Tatbestand durch einige Daten zu belegen:

Aus den schon erwähnten Weihnachtsaufsätzen der Kinder haben wir die geäußerten Weihnachtswünsche nach einer einheitlichen Skala bewertet, die mit Hilfe von Auskunftspersonen nach Durchschnittspreisen zusammengestellt wurde. Hierbei ergaben sich folgende durchschnittliche Kosten einer Wunscherfüllung:

Kinder aus	Kosten einer Wunscherfüllung (in S)
Marienthal	12
Orten der Umgebung	36

Und nicht einmal diese bescheidenen Wünsche getrauen sich die Kinder wirklich zu äußern; charakteristischerweise zeigen viele Wunschaufsätze von Marienthaler Kindern eine

Sonderbarkeit: fast ein Drittel von ihnen ist im Konjunktiv geschrieben. Sie beginnen dann gewöhnlich mit einem Einleitungssatz: »Wenn die Eltern nicht arbeitslos wären...« oder dergleichen. Ein 11jähriger Hauptschüler schreibt:

»Wenn die Eltern Geld gehabt hätten, hätte ich mir gewünscht: eine Geige, einen Anzug, Plakatfarben, einen Pinsel, ein Buch, Schlittschuhe und einen Rock. Ich bekam einen Winterrock.«

Ein gleichaltriges Mädchen:

»Ich hätte an das Christkind viele Wünsche, wenn die Eltern Arbeit hätten. Ich bekam nichts: ich bekam nur Augengläser. Ich wollte einen Atlas und einen Zirkel.«

Ein 9jähriger Volksschüler:

»Ich hätte mir gern ein Album für Bilder gewünscht. Ich habe nichts bekommen, da die Eltern arbeitslos sind.«

Die Kinder, die vor Weihnachten noch nicht resigniert waren, werden es nachher. Denn für einen großen Teil der Marienthaler Kinder bringen die Weihnachtstage statt Freude und Überraschung – Enttäuschung. Die Spannung zwischen Wunsch und tatsächlichem Geschenk läßt das erkennen. Von 100 Kindern bekamen:

		in Orten der Umgeb.	in Marienthal
mehr	als gewünscht	18	11
ebensoviel	als gewünscht	44	20
weniger	als gewünscht	38	69
		100	100

Weit mehr als der Hälfte der Nicht-Marienthaler Kinder werden ihre Wünsche erfüllt, nur wenig mehr als ein Drittel bekommen weniger, als sie erwartet haben. In Marienthal kommen auf 100 Kinder 69, deren Weihnachtswünsche nicht in Erfüllung gegangen sind. Die Spannung zwischen Wunsch und Erfüllung ist also in Marienthal stärker als bei den Kindern der Umgebung, obwohl das Niveau dieser übertroffenen, erfüllten und unerfüllten Weihnachtswünsche ohnehin schon bedeutend niedriger liegt als bei den anderen Kindern.

Der Mangel an Plänen auf längere Sicht ist ein weiteres Merkmal der Grundhaltung. Drastisch kommt diese Planlosigkeit in der Erzählung der Lebensgeschichte zum Ausdruck. Mit 28 Männern und 29 Frauen wurde gelegentlich der Aufnahme ihrer Lebensgeschichte auch über ihre Zukunftspläne gesprochen. Nur 15 gaben überhaupt einen Plan an; zumeist denken sie an eine Ortsveränderung. Bis auf einen einzigen aber hatten sie nicht das Geringste getan, um diese Pläne zu realisieren. (Vgl. jedoch die oben angeführten Daten über die Abwanderung.) In Wirklichkeit handelt es sich auch bei ihnen eher um beiläufig ausgesprochene Wünsche als um konkrete Pläne. Es gibt keine individuellen Zukunftspläne mehr für die Erwachsenen. Wieweit das für die jungen Leute gilt, davon später noch einige Worte.

Die kaum überwindlichen Schwierigkeiten einer individuellen Besserung der Notlage lassen diese Haltung verständlich erscheinen. Und da der Einfluß, den die Marienthaler auf eine kollektive Besserung nehmen können, nur sehr bescheiden und indirekt ist, fügt sich der Ort dem Niedergang.

Und wiederum sind es die Kinder, die dafür einen besonders deutlichen Maßstab liefern. In den Klassen der Hauptschule wurde das Aufsatzthema gestellt: »Gedanken über Arbeitslosigkeit«. Welcher Unterschied zwischen den Kindern, die Arbeitslosigkeit aus dem eigenen Familienleben kennen, und den Kindern aus den Nachbarorten von Marienthal! Auch diesen ist das Phänomen der Arbeitslosigkeit geläufig. Während es aber die Marienthaler Kinder mit hoffnungsloser Ergebenheit hinnehmen, kommt in den Aufsätzen der anderen Kinder teils tiefe Zufriedenheit darüber zum Ausdruck, nicht zu den Arbeitslosen, den Deklassierten zu gehören, und zum Teil die Angst, einmal zu ihnen gehören zu müssen. Ein 12jähriger Bub aus der Umgebung von Marienthal, dessen Eltern Bauern sind, schreibt:

»Ich habe über Not und Arbeitslosigkeit noch nicht nachgedacht. Ich bin froh, daß ich mich sattessen kann.«

Das Kind eines Arbeiters aus der Umgebung von Marienthal schreibt:

»In den meisten Ländern Europas herrscht Not und Arbeitslosigkeit. In vielen reichen Familien wird das Brot und Speisereste weggeworfen und manche Familie wäre uns dankbar, wenn sie das tägliche Brot hätten. Und so ist es in allen Ländern.«

Dieses »uns dankbar« ist stärkster Ausdruck des eigenen Wohlbefindens und der scharfen Trennung von allen jenen, denen es nicht so geht. Die Marienthaler Kinder aber schrieben aus eigenem Erleben. Ein Zwölfjähriger zeigt besonders deutlich, wie sehr das Wissen von der Not sogar bereits seine Phantasie beherrscht. Er schreibt:

»Ich will ein Flieger, Unterseebootskapitän, Indianerhäuptling und ein Mechaniker werden. Aber ich fürchte, es wird sehr schwer sein, einen guten Posten zu finden.«

Natürlich kann ein recht beträchtlicher Teil der Kinder zu dem Thema nichts als ein paar distanzierte, schulmäßige Sätze bringen, unabhängig davon, ob sie in der eigenen Familie von der Arbeitslosigkeit betroffen sind oder nicht; das entspricht der allgemeinen Erfahrung mit Schulaufsätzen.

Die Zahl solcher nichtverwertbarer Aufsätze ist – wie man sieht – tatsächlich unabhängig von dem Erlebnis der Arbeitslosigkeit; sie beträgt im einen Fall 47 Prozent, im anderen 48 Prozent.

Es ergibt sich folgende Verteilung:	Marienth. Kinder %	Nicht-Marien Kinder %
Nicht nachgedacht	16	28
Redensarten	47	48
Eigenes Erleben	37	2
Froh, daß Eltern noch Arbeit haben	—	16
Angst vor Arbeitslosigkeit	—	6
	100	100

Mit zunehmendem Alter steigt der Prozentsatz derjenigen Kinder, für die Arbeitslosigkeit ein persönliches Problem ist, auch wenn sie selbst noch nicht davon betroffen sind. Für diese noch nicht betroffenen Dreizehn- und Vierzehnjährigen ist charakteristisch das Erlebnis der Angst vor der Zukunft, das ja auch in dem oben zitierten, ziemlich kindlichen Aufsatz mit den vielen Berufswünschen zum Ausdruck kommt. Es steckt die Angst dahinter, keinen Posten zu bekommen. Da schreibt ein 13jähriges Mädchen:

»Ich möchte gerne Scheiderin werden, aber ich fürchte mich, daß ich keinen Posten bekommen könnte oder daß ich nichts zu essen hab.«

Dieselbe Grundhaltung finden wir bei den Jugendlichen, soweit sie nicht in der Lehre stehen. Unter der Marienthaler Jugend veranstalteten wir ein Preisausschreiben mit dem Thema: »Wie stelle ich mir meine Zukunft vor?« Schon aus der geringen Beteiligung – nur 15 Arbeiten liefen ein, obwohl eine neue Hose als verlockender Preis angesetzt war – läßt sich das geringe Interesse an der Fragestellung erkennen. Viel besser aber noch geht die Planlosigkeit aus der Art der Beantwortung hervor. Unter den 15 Antworten waren auch 5, die von Lehrlingen geschrieben worden waren. Zwischen ihren Antworten und den Antworten der jungen Leute, die nicht arbeiten und nicht einmal eine Lehrstelle haben, besteht ein krasser Unterschied. Während die Lehrlinge alle einen persönlichen Zukunftsplan entwickeln, im Zusammenhang mit dem Gewerbe, das sie eben erlernen, berichten die anderen allgemeine Hoffnungen von einer besseren Zukunft: vom Sozialismus, in dem alle »höchstens 300 Schilling im Monat haben werden«, von der Weltrevolution, die die Unterdrückten erlösen wird, aber zum Unterschied von den Lehrlingen nichts über ihre eigene Zukunft. Zwei charakteristische Vertreter jeder Gruppe seien hier nebeneinander gestellt. Ein 17jähriger Schneiderlehrling schreibt:

»Wenn ich in meinem Leben Glück haben soll, möchte ich nach der Lehre einige Jahre als Geselle arbeiten, dann einen praktischen Zuschneiderkurs besuchen, wodurch ich mir in Zukunft mehr Erfolg verspreche. Ich denke dann in einem Geschäft als Zuschneider unterzukommen. Später möchte ich ein selbständiger Meister werden.«

Ein 22jähriger Arbeitsloser schreibt:

»In der heutigen Gesellschaftsordnung stelle ich mir meine Zukunft folgend vor: In der heutigen Weltwirtschaftskrise, wo der Kapitalismus in allen Fugen und Ecken kracht, kaen es nicht mehr lange dauern, um das Joch der kapitalistischen Reaktion abzuschütteln. Ich glaube, der Kapitalismus muß demnächst ganz zusammenbrechen und den Weg des Sozialismus ebnen. Und es wäre mir mein größtes Vergnügen, dann beim Aufbau des Sozialismus mitarbeiten zu können.«

Man kann das Problem der Jugendlichen in Marienthal nicht besser schildern, als wenn man beschreibt, welche fast unüberwindbaren Schwierigkeiten sich jeder umfassenden Materialsammlung zur Frage des jugendlichen Arbeitslosen entgegenstellten. Dem Altersaufbau ist zu entnehmen, daß es in Marienthal 131 Jugendliche (14-21jährige) gibt, 62 Burschen und 69 Mädchen. Es gelang aber trotz zahlreichen Versuchen nicht, mit diesen Jugendlichen in Kontakt zu kommen. Zwei kleine politische Gruppen, die sozialistische Arbeiterjugend und gelegentlich auch eine Gruppe Deutscher Turner, konnte man beobachten, mit ihnen konnte man sprechen und arbeiten. Aber alle anderen Jugendlichen – und das ist die große Mehrzahl – blieben unzugänglich, obwohl für die Burschen eigens ein Sportarzt kam, für die Mädchen ein Turnkurs abgehalten wurde: sie kamen einfach nicht. Sie verschwinden von der Bildfläche und »treiben sich herum«. Auch die Führer der beiden politischen Jugendgruppen bestätigten, daß es das Hauptproblem ihrer Organisationen sei, der jungen Leute überhaupt habhaft zu werden.

Sowohl bei den Kindern als auch bei den Jugendlichen ist der ihnen entsprechende Ausdruck der »resignierten« Haltung sehr deutlich. Da solche Haltung gerade dem, was wir an Kindheit und Jugend gewohnt sind, besonders widerspricht, liegt hier wohl der eine Grund, warum die Resignation – verstanden in dem Sinn, den wir ihr durch unsere Analyse gegeben haben – dem Außenstehenden als die Grundhaltung Marienthals erscheint.

Es gibt aber dafür noch einen zweiten Grund. Es scheint, daß gerade dann, wenn Marienthaler in größerer Zahl zusammen sind, der Wunsch und die Fähigkeit zu vergessen besonders deutlich werden. Wir wollen nicht behaupten, daß gemeinsames Beisammensein in schlimmer Lage immer die optimistischen Elemente verstärken muß. Aber dort, wo wir in Marienthal einschlägige Beobachtungen machen konnten, war das ohne Zweifel der Fall. Wir denken dabei an die Protokolle, die im Arbeiterheim nach unserer Anweisung von einem Arbeitslosen aufgenommen wurden. Als typisches Beispiel sei das Protokoll vom 15. Dezember gegeben:

Gegen sechs Uhr verläßt der größte Teil der Anwesenden – es sind jetzt 86 – das Heim und geht zum Nachtmahl nach Hause. Nach sechs kommen die ersten wieder, setzen sich um den Ofen, um sich zu wärmen. Nach kurzer Zeit kommen noch ein paar junge und ein paar ältere Männer. Heute scheint keine Lust mehr zum Kartenspielen. Ein älterer Mann erzählt von der guten alten Zeit, da gab's noch zu essen und zu trinken. Dann erzählt er noch weiter: als er noch jung war, da ist er jede Nacht mit seinem Kollegen wildern gegangen. Oft brauchten sie nicht einmal einen Stutzen dazu, denn die Hasen liefen ihnen zwischen die Füße, und sie brauchten nur die Füße zusammenpressen und der Hase war gefangen. Ein größeres Gelächter entstand, als er erzählte, wie ihm einmal ein Geist erschien. Er wollte auf die Gestalt losstürzen, aber sie ist ihm durch die Hände geschlüpft; seit diesem Tag hat er nicht mehr gewildert. Alles fing zu lachen an und ein junger Mann meinte, warum er das damals nicht gleich erzählt hätte, denn da hätten wir jetzt in Marienthal einen Wallfahrtsort gehabt. Ja, als man ihn fragte, warum denn jetzt so etwas nicht zu sehen sei, sagte er: Die heutige Jugend ist nichts nutz und glaubt nichts mehr, er kann aber darauf schwören, daß das, was er erzählt hat, die volle Wahrheit sei.

Dann fängt ein Zweiter zu erzählen an: Damals war ja alles möglich. Er ging auch einmal in der Nacht mit seinem Kollegen »Trappen« zu fangen, da mußte auch die größte Vorsicht geboten sein. Also ging die Erzählung an: Ich und mein Kollege hatten jeder einen großen Sack, einen Spiegel und eine Laterne, das mußte ja auch um Mitternacht durchgeführt werden; also wurden die Spiegel aufgestellt und der Schein der Laterne darauf gerichtet und ein Geräusch gemacht. Die Trappen wurden dadurch aufmerksam, liefen zu den Spiegeln, wurden dort in die Säcke eingefangen, dann nahmen wir das so gefangene Wild nach Hause; dort wurden verschiedene Kreuzungen durchgeführt. So hat er eine schöne Kreuzung mit einem Trappen und einem Ziegenbock, denn aus der Kreuzung hat er noch heute die herumlaufenden Perlhühner.

Als man ungläubig lachte, erzählte sofort ein jüngerer seine Abenteuer: Er war mit einem Naturforscher im Urwald herumgereist und so manche schrecklichen Abenteuer und Gefahren hat er mitmachen müssen. Eines Tages, es war schon recht finster im Walde und das Zelt wurde zur Nachtherberge hergerichtet, da plötzlich näherte sich dem Zelt ein großer Tiger; die beiden standen an allen Gliedern zitternd, und plötzlich, ohne sich zu besinnen, streckte er die Ärmel auf und fuhr dem Tiger, der gerade den Rachen aufsperrte, mit voller Wucht in den Rachen und drehte ihm das Innere heraus und das Äußere hinein, nahm eine danebenliegende Schlange am Kopf und schlug so auf den Tiger ein, daß er sich auf die Hinterbeine stellte und mit den vorderen Pfoten bat, ihn nicht mehr zu schlagen, er werde sie im Urwald nicht mehr belästigen. Plötzlich ruft einer, jetzt gehen wir aber schon nach Hause, sonst werden wir noch vor Mitternacht ganz schwarz vor lauter Lügen. Dann um 23 Uhr wurde das Heim gesperrt.

Das Protokoll umfaßt einen Zeitraum von 5 Stunden. Es ist natürlich nicht wörtlich aufgenommen, sondern gibt nur auszugsweise alle Vorgänge wieder. Die Erinnerung an die alte, bessere Zeit macht die Leute nicht etwa erbittert und bringt sie nicht gegen das Heute auf. Sie freuen sich einfach darüber, wenigstens in Gedanken weit von Sorgen und Elend entfernt zu sein. Zur Schilderung der »guten, alten« Zeit tritt Erfindung; man will sich vor allem gut amüsieren, lachen.

Die anderen Protokolle aus dem Arbeiterheim zeigen ein sehr ähnliches Bild. Der äußere Gleichmut fällt immer wieder auf und ein Vergeuden der Zeit, die völlig wertlos geworden ist. Die Zeitverwendung der Marienthaler erwies sich als so charakteristisch, daß wir sie in einem eigenen Abschnitt behandeln.

Die Zeit

Wer weiß, mit welcher Zähigkeit die Arbeiterschaft seit den Anfängen ihrer Organisation um die Verlängerung der Freizeit kämpft, der könnte meinen, daß in allem Elend der Arbeitslosigkeit die unbegrenzte freie Zeit für den Menschen doch ein Gewinn sei. Aber bei näherem Zusehen erweist sich diese Freizeit als tragisches Geschenk. Losgelöst von ihrer Arbeit und ohne Kontakt mit der Außenwelt, haben die Arbeiter die materiellen und moralischen Möglichkeiten eingebüßt, die Zeit zu verwenden. Sie, die sich nicht mehr beeilen müssen, beginnen auch nichts mehr und gleiten allmählich ab aus einer geregelten Existenz ins Ungebundene und Leere. Wenn sie Rückschau halten über einen Abschnitt dieser freien Zeit, dann will ihnen nichts einfallen, was der Mühe wert wäre, erzählt zu werden.

Viele Stunden stehen die Männer auf der Straße herum, einzeln oder in kleinen Gruppen; sie lehnen an der Hauswand, am Brückengeländer. Wenn ein Wagen durch den Ort fährt, drehen sie den Kopf ein wenig; mancher raucht eine Pfeife. Langsame Gespräche werden geführt, für die man unbegrenzt Zeit hat. Nichts mehr muß schnell geschehen, die Menschen haben verlernt, sich zu beeilen.

Gegen Mittag, wenn der Verkehr in Marienthal seinen bescheidenen Höhepunkt erreicht, bietet die Ortsstraße auf den 300 m, die man überblicken kann, folgendes Bild. Von 100 Erwachsenen, die durch die Straße gehen, bleiben stehen:

	Männer	Frauen	insgesamt
3 × und mehr	39	3	42
2 ×	7	2	9
1 ×	16	15	31
0 ×	6	12	18
	68	32	100

Fast ⅔ der Männer also bleiben wenigstens zweimal stehen. Der Unterschied gegenüber den Frauen fällt auf: etwa ⅙ der Frauen nur hält sich zweimal oder öfter auf. Sie haben, wie wir später noch sehen werden, erheblich weniger Zeit.

Von unserem verborgenen Fensterplatz aus versuchten wir, mit der Uhr in der Hand die Geschwindigkeit zu ermitteln. Von 50 Marienthalern, die, ohne sich aufzuhalten, eine längere Wegstrecke gehen, gehen mit einer Geschwindigkeit von

Stundenkilometer	Männer	Frauen	insgesamt
5	7	10	17
4	8	3	11
3	18	4	22
	33	17	50

Da auf hundert, die durch die Straße gehen, immer ca. 30 kommen, die gerade irgendwo herumstehen, ist die durchschnittliche Geschwindigkeit recht gering. Einmal läuft einer im leichten Trab: das ist der Dorfnarr. Von hundert Männern tragen 88 keine Uhr bei sich, nur 31 davon haben eine zu Hause liegen.

Doppelt verläuft die Zeit in Marienthal, anders den Frauen und anders den Männern. Für die letzteren hat die Stundeneinteilung längst ihren Sinn verloren. Aufstehen – Mittagessen – Schlafengehen sind die Orientierungspunkte im Tag, die übriggeblieben sind. Zwischendurch vergeht die Zeit, ohne daß man recht weiß, was geschehen ist. Die Zeitverwendungsbogen zeigen das drastisch. Ein 33jähriger Arbeitsloser schreibt:

6–½7 stehe ich auf,
7-8 wecke ich die Buben auf, da sie in die Schule gehen müssen,
8-9 wenn sie fort sind, gehe ich in den Schuppen, bringe Holz und Wasser herauf,
9-10 wenn ich hinaufkomme, fragt mich immer meine Frau, was sie kochen soll; um dieser Frage zu entgehen, gehe ich in die Au,
10-11 einstweilen wird es Mittag,
11-12 (leer),
12-13 1 Uhr wird gegessen, da die Kinder erst aus der Schule kommen,
13-14 nach dem Essen wird die Zeitung durchgesehen,
14-15 bin ich hinunter gegangen,
15-16 zum Treer[1] gegangen,
16-17 beim Baumfällen im Park zugeschaut, schade um den Park,

17-18 nach Hause gegangen,
18-19 dann nachtmahlten wir, Nudeln in Gries geröstet,
19-20 schlafen gehen[2].

Das Aufwecken der Kinder hat gewiß keine volle Stunde in Anspruch genommen. Der Kaufmann Treer (15-16) ist 3 Minuten vom Wohnort dieses Arbeiters entfernt, und der Weg vom Park nach Hause, den er zwischen 17-18 zurücklegt, ist 300 Schritte lang. Was ist also in der fehlenden Zeit geschehen? Und so wie dieser Bogen sind alle ausgefüllt. So schreibt ein 31jähriger ehemaliger Hilfsarbeiter:

6-7 geschlafen,
7-8 das Kind in die Schule geführt,
8-9 einen Spaziergang zur Bahn,
9-10 zu Hause gewesen,
10-11 an der Ecke des Hauses gestanden,
11-12 gegessen,
12-13 geschlafen,
13-15 nach der Fischa spazieren,
15-16 beim Treer gewesen,
16-17 um die Milch gegangen,
17-18 ich spielte mit dem Kind,
18-19 habe ich das Nachtmahl gegessen,
19-20 bin ich schlafen gegangen.

Es ist immer dasselbe: nur an wenige »Ereignisse« erinnert sich der Marienthaler Arbeitslose, wenn er den Bogen ausfüllt. Denn was zwischen den drei Orientierungspunkten Aufstehen – Essen – Schlafengehen liegt, die Pausen, das Nichtstun ist selbst für den Beobachter, sicher für den Arbeitslosen schwer beschreibbar. Er weiß nur: Einstweilen wird es Mittag. Und wenn er versucht, dieses »einstweilen« zu beschreiben, dann entstehen die seltsamen Verzeichnungen in dem Zeitbogen: daß Beschäftigungen, die nicht mehr als 5 Minuten gedauert haben, eine ganze Stunde füllen sollen. Diese Art, die Zeitbogen auszufüllen, beruht keineswegs auf einer geringeren intellektuellen Begabung der Bevölkerung; die viel schwierigere Aufgabe der Führung von Haushaltbüchern wurde gut gelöst. Der Arbeitslose ist einfach nicht mehr imstande, über alles, was er im Laufe des Tages getan hat, Rechenschaft zu geben. Nennen und aufzählen lassen sich außer den Orientierungspunkten nur die wenigen noch sinnerfüllten Handlungen am Tag: Buben waschen, Hasen füttern usw. Alles was sonst geschieht, steht mit der eigenen Existenz nicht mehr in sinnvollem Zusammenhang. Zwischen den wenigen wirklichen Beschäftigungen, dort, wo im Bogen steht: »Einstweilen wird es Mittag« – liegt das Nichtstun, der völlige Mangel einer sinnvollen Zeitausfüllung. Alles, was geschieht, geschieht gleichsam unabsichtlich. Irgendeine geringfügige Kleinigkeit bestimmt die Beschäftigung in der nächsten halben Stunde. Sie ist so geringfügig, daß sie kaum ins Bewußtsein tritt, und soll sie nachher berichtet werden, ist sie längst dem Gedächtnis entschwunden. Man hört draußen auf der Straße ein belangloses Geräusch, man tritt hinaus, und schon einen Augenblick später ist das Geräusch vergessen. Aber man steht nun draußen, bis irgendeine andere geringfügige Sinneswahrnehmung wieder ein Stück weiterführt.

Charakteristisch für dieses Sichtreibenlassen ist die Vormittagsbeschäftigung des 31jährigen Franz P.:

8-9	um 8 stand ich auf und wusch mich, frühstückte, dann ging ich vor das Haus,
9-10	ein Kollege kam vorbei, und ich unterhielt mich über einen Radioapparat, den er sich kaufen wollte,
10-11	ging spazieren, traf das Kind meines Freundes, plauderte über Schule und Montessoriheim,
11-12	kam nach Hause und las die Arbeiterzeitung.

Daß den Arbeitern die Sinnlosigkeit dieser Zeitverwendung bewußt ist, zeigen folgende Bemerkungen, die sich als Zusätze in dem Bogen finden.

»Was soll ein Arbeitsloser denn mit seiner Zeit machen?« Oder ein Hinweis auf früher: »Ich hab früher weniger Zeit für mich gehabt, aber mehr für mich getan.« Oder: »Für uns Arbeitslose gibt es ja keine Möglichkeit mehr, sich zu beschäftigen.«

Besonders gut verstehen wir dieses »Ich habe früher mehr für mich getan«, wenn wir noch einmal den Freizeitbogen jenes Wiener Arbeiters zum Vergleich heranziehen. Das Gefühl, freie Zeit nur in beschränktem Ausmaß zur Verfügung zu haben, treibt zu ihrer überlegten Verwendung; das Gefühl aber, unbegrenzt Zeit zu haben, macht jede Zeiteinteilung überflüssig. Was man vor dem Essen unternehmen möchte, kann ja ebensogut nachher geschehen, oder am Abend; und plötzlich ist der Tag um, ohne daß es geschehen wäre.

Es war nicht leicht, eine Übersicht über die Gesamtheit der abgegebenen Bogen zu gewinnen. Eine Stundenstatistik war nach dem, was wir oben über die Art der Bogenausfüllung gesagt haben, nicht möglich. Wo der Wert der Stunde nicht mehr erlebt wird, läßt sich auch nicht stundenweise abgrenzen und verrechnen. Schließlich entschlossen wir uns, die Halbtage als Einheiten aufzufassen und nach ihrer hauptsächlichen Verwendung zu charakterisieren.

Die bei den Männern am häufigsten auftretende Form der Zeitverwendung ist das Nichtstun; der oben angeführte Bogen ist typisch für diese Gruppe. Von diesem Nichtstun trennten wir die im Arbeiterheim verbrachten Halbtage, obgleich auch dort meist nichts anderes geschieht, nur in anderem Rahmen. Es schien aber doch wichtig, diesen Trennungsstrich zu ziehen. Denn in der Tatsache, daß man sich vornimmt, ins Arbeiterheim zu gehen, und das dann auch wirklich ausführt, liegt doch noch ein gewisses Gerichtetsein, eine Zielstrebigkeit, ein Vorsatz zur Zeitverwendung, den wir in der ersten Gruppe völlig vermissen. Schließlich gibt es Halbtage, an denen doch hin und wieder etwas getan wird, wie es der Haushalt gerade erfordert. Da wird Holz gehackt oder Wasser getragen, eingekauft oder altes Zeug wieder instand gesetzt. So schreibt ein 40jähriger:

14-15 auf dem Diwan gelegen und die Zeitung durchgeblättert,
15-16 mit den Nachbarn geplaudert,
16-17 um ½5 habe ich nach den Hasen gesehen und Wasser in die Küche getragen,
17-18 mit den Kindern auf das Nachtmahl gewartet,
18-19 haben wir gegessen, und die Kinder sind schlafen gegangen,
19-20 habe ich mit meiner Frau gesprochen,
20-21 um ½9 sind auch wir in die Federn.

Wenn also die Haushaltshilfe, so wie es der Augenblick erfordert, nur auf kurze Zeit geschieht, so bezeichnen wir einen solchen Halbtag als »Wenig Haushilfe und Nichtstun«. Ist der Halbtag von häuslichen Beschäftigungen ziemlich ausgefüllt, so bezeichnen wir ihn als »Viel Haushaltshilfe«. So schreibt ein 35jähriger:

7-8 um 7 Uhr bin ich aufgestanden und habe mich gewaschen, dann habe ich die Kinder in die Schule geführt,
8-9 Kaninchen gefüttert und ihren Stall aufgeräumt,
9-10 war ich beim Kaufmann,

10-11 habe ich Erdäpfel geschält und meiner Frau geholfen,
11-12 bin ich zur Schule gegangen und habe die Kinder geholt,
12-13 haben wir gegessen.

Eine eigene Rubrik führten wir auch für die Beschäftigung mit den Kindern ein, obwohl die kaum so ausschließlich, wie es in den betreffenden Bogen behauptet wird, die Zeit der Väter in Anspruch genommen haben dürfte. Doch finden sich immerhin einige Bogen, wo über alle Stunden eines Halbtages hinweg die Bemerkung steht: »Mit den Kindern spazieren gewesen« oder »weil meine Frau waschen geht, habe ich auf unser 5 Monate altes Kind achtgegeben«.

Schließlich gibt es auch einige Männer, die ihren Tag mit verschiedenen Beschäftigungen, die nicht unmittelbar zur Haushaltshilfe gehören, voll ausfüllen. Hierher gehören vor allem die politischen Funktionäre und die verhältnismäßig geringe Zahl der Bastler.

Von 100 Männern verbringen nach unserer Übersicht ihre Zeit vorwiegend mit folgender Beschäftigung:

Hauptbeschäftigung	Vormittag	Nachmittag
Nichtstun (zu Hause sitzen, spazieren, auf der Straße stehen usw.)	35	41
Arbeiterheim (im Winter Schach- oder Kartenspielen, bei schönem Wetter herumsitzen, plaudern usw.	14	16
Wenig Haushaltshilfe und Nichtstun (Wasserholen, Einkaufen usw.)	31	21
Viel Haushaltshilfe (Holzsammeln und -hacken, Kinder beaufsichtigen, Schrebergarten, Schuhflicken)	12	15
Beschäftigung mit Kindern	6	5
Kleine Beschäftigungen (Radio, Basteln usw.)	2	2
	100	100

Das Nichtstun beherrscht den Tag. Wie stark der Anteil der Jugendlichen an diesem Nichtstun ist, zeigen die Protokolle, die durch sechs Tage im Arbeiterheim über die dort Anwesenden und ihre Beschäftigung (vorwiegend Schach- oder Kartenspiel) geführt werden. Danach waren anwesend:

	Jugendliche (bis ca. 21 Jahre)	Jüngere Männer (bis ca. 35 Jahre)	Ältere Männer
in 6 Tagen	103	321	62
Tagesdurchschnitt	17	53	10

Wenn wir diese Zahlen mit dem Altersaufbau von Marienthal vergleichen, so fällt der große Prozentsatz an Jugendlichen und jungen Männern auf; das mag daher kommen, daß die Jugendlichen offenbar weniger im Haushalt helfen, als die älteren Männer und daß ihnen das Gemeinschaftsleben im Arbeiterheim mehr zu bieten hat. Die einzige halbwegs regelmäßige Beschäftigung der Marienthaler Männer ist die Beschaffung von Brennholz, die Bestellung des Schrebergartens und in manchen Fällen des Kaninchenstalls. Dieser teilweise Rückschritt in die Naturalwirtschaft, den der Marienthaler Industriearbeiter zum Unterschied vom städtischen Arbeitslosen machen kann, erleichtert ein wenig seine Lage.

Die durchschnittliche Tagesdauer des Marienthaler Arbeitslosen war schwer zu ermitteln, weil hier keine direkte Beobachtung möglich war und die Angaben nicht gern gemacht wurden; anscheinend wird das lange Schlafen, das im Winter wegen der Ersparnis an Heizmaterial nur allzu begreiflich ist, doch irgendwie als Schande empfunden. Mit diesen ungenauen Selbstangaben kamen wir auf eine durchschnittliche Tagesdauer von 13 Stunden bei den Männern und 14½ bei den Frauen.

Das alles gilt aber nur für die Männer, denn die Frauen sind nur verdienstlos, nicht arbeitslos im strengsten Wortsinn geworden. Sie haben den Haushalt zu führen, der ihren Tag ausfüllt. Ihre Arbeit ist in einem festen Sinnzusammenhang, mit vielen Orientierungspunkten, Funktionen und Verpflichtungen zur Regelmäßigkeit. Wie anders der Tag der Frauen verläuft als der der Männer, zeigt folgende Übersicht über die Hauptbeschäftigung von 100 Frauen:

	Vormittag	Nachmittag
Haushalt	74	42
Wäsche	10	8
Kinderpflege	6	12
Kleine Haushaltsbeschäftigungen (Nähen, Kinder) und Nichtstun	9	38
	100	100

Der typische Zeitverwendungsbogen einer Frau sieht so aus:

6-7	ankleiden, einheizen, Frühstück herrichten,
7-8	waschen, frisieren, Kinder ankleiden und zur Schule begleiten,
8-9	Geschirr abwaschen und einkaufen gehen,
9-10	Zimmer aufräumen,
10-11	Kochen herrichten,
11-12	fertig kochen und essen,
12-13	Geschirr abwaschen, Küche zusammenräumen,
13-14	Kinder in das Heim begleiten,
14-15	stopfen und nähen,
15-16	stopfen und nähen,
16-17	stopfen und nähen,
17-18	Kinder abholen,
18-19	Nachtmahl essen,
19-20	Kinder auskleiden und waschen und schlafen legen,
20-21	nähen,
21-22	nähen,
22-23	schlafen gehen.

So ist der Tag für die Frauen von Arbeit erfüllt: Sie kochen und scheuern, sie flicken und versorgen die Kinder, sie rechnen und überlegen und haben nur wenig Muße neben ihrer Hausarbeit, die in dieser Zeit eingeschränkter Unterhaltsmittel doppelt schwierig ist. Man vergleiche damit die oben angeführte Tabelle für die Männer. So grundverschieden ist die Zeitverwendung bei Männern und Frauen, daß man für sie nicht einmal dieselben Kategorien aufstellen konnte. Zuweilen machen kleine Konflikte diese verschiedene Bedeutung der Zeit für den Mann und die im Haushalt arbeitende Frau anschaulich. Eine Frau erzählt:

»Trotzdem ich jetzt viel weniger zu tun habe als früher, bin ich eigentlich den ganzen Tag beschäftigt und habe gar keine Zerstreuung. Früher hat man den Kindern Kleider gekauft, jetzt muß man sie den ganzen Tag flicken und stopfen, damit sie ordentlich ausschauen. Mein Mann schimpft immer, weil ich nicht fertig werde, er sagt, andere Frauen sieht man auf der Straße draußen tratschen und ich werd den ganzen Tag nicht fertig. Er versteht eben nicht, was es heißt, für die Kinder immer die Kleider herzurichten, daß sie sich nicht schämen brauchen.« – Eine andere Frau erzählt: »Wir haben jetzt regelmäßig Krach beim Mittagessen, weil mein Mann nie pünktlich da sein kann, obwohl er doch früher die Uhr selbst war.«

Man sieht: nicht einmal die wenigen Termine, die es noch gibt, werden genau eingehalten. Denn Pünktlichkeit hat jeden Sinn verloren, wenn nichts auf der Welt mehr unbedingt geschehen muß.

Sieht man den Frauen bei ihrer Arbeit zu, dann scheint es kaum begreiflich, daß sie fast all das früher nur nebenbei, nach 8stündiger Fabrikarbeit geleistet haben. Wohl ist die Wirtschaftsführung durch die Beschränkung der Mittel heute ungleich schwieriger und zeitraubender als früher, aber trotzdem war die rein physische Anstrengung ehemals ungleich größer. Das wissen und erzählen die Frauen auch; in fast allen Frauenbiographien wird berichtet, daß man früher bis in die späte Nacht hinein nach der Fabrikarbeit hat wirtschaften müssen. Aber fast in allen Frauenbiographien kommt dann doch der Satz: »Wenn wir nur wieder in die Arbeit könnten.« Als rein materieller Wunsch wäre das nicht weiter erstaunlich, aber die Frauen fügen immer wieder hinzu: auch wenn wir vom Geld absehen.

Frau A. (29 Jahre) sagt: »Wenn ich wieder in die Fabrik zurück könnte, wäre das mein schönster Tag. Es ist nicht nur wegen dem Geld, aber hier in seinen vier Wänden, so allein, da lebt man ja gar nicht.« – Oder Frau R. (28 Jahre): »Jetzt ist die Arbeit leichter, wie in der Fabrikszeit. Damals war ich die halbe Nacht auf und hab für die Wirtschaft gearbeitet, trotzdem war es mir lieber.« – Frau M. (32 Jahre): »Früher war es ja herrlich in Marienthal, schon die Fabrik war eine Zerstreuung.« – Frau S. (37 Jahre): »Seit dem Stillstand der Fabrik ist das Leben viel schwerer. Man muß sich immer den Kopf zerbrechen, was man kochen soll, das Geld reicht nicht. Man kommt auch nirgens hin, den ganzen Tag ist man eingesperrt.« – Frau P.

(78) Jahre): »Ich würde gleich wieder webern gehen, wenn's möglich wäre, die Arbeit fehlt mir halt.«

Die Frauen wollen also trotz der Mehrbelastung nicht nur aus materiellen Gründen wieder in die Fabrik zurück; die Fabrik hat ihren Lebensraum erweitert und ihnen soziale Kontaktmöglichkeiten gegeben, die sie jetzt entbehren. Ein Zeitzerfall aber, wie wir ihn bei den Männern gefunden haben, läßt sich bei den Frauen nicht nachweisen.

Auf eine Veränderung im größeren Zeitrhythmus stoßen wir, wenn wir zum Schluß noch einmal den Ort als Ganzes ins Auge fassen. Sonn- und Feiertage haben viel von ihrer Bedeutung verloren; der Bibliothekar berichtet z. B., daß die Entlehnungen, die wie überall so auch in Marienthal an Sonn- und Feiertagen besonders stark waren, heute diese periodische Steigerung kaum mehr aufweisen. In wirtschaftlicher Beziehung hat die Funktion von Wochen- und Monatsende der 14tägig wiederkehrende Auszahlungstermin der Unterstützungen übernommen. Nur von den Schulkindern geht noch ein größeres Festhalten an der Wocheneinteilung aus, das sich zum Teil auch auf die Familie überträgt. Stärker tritt jetzt auch der Wechsel der Jahreszeiten in Erscheinung: Der Ausfall von Beleuchtung und Heizung, die Erleichterung durch den Ertrag des Schrebergartens und die Möglichkeit landwirtschaftlicher Hilfsarbeit bekommen ein Gewicht, das sie im Haushalt des Industriearbeiters nicht zu haben pflegen.

So zeigt sich im Gesamtverlauf wie im kleinen, daß die Marienthaler zu einem primitiveren, undifferenzierteren Zeiterlebnis zurückgekehrt sind: Es werden nicht die neuen Verhältnisse in das gewohnte Zeitschema eingeordnet, sondern es beginnt der ärmer gewordenen Ereignis- und Anforderungswelt allmählich eine ärmere Zeitordnung zu entsprechen.

Die Widerstandskraft

So steht es im Augenblick um Marienthal. Aber wenn die Marienthaler mit ihrem geänderten Zeiterlebnis es auch kaum mehr bemerken, die Zeit schreitet doch vorwärts, und allmählich und unaufhaltsam bröckelt die Grundlage ab, auf der das Leben in Marienthal bis jetzt noch zu führen war. Es erhebt sich die Frage: Wie lange noch kann es so weitergehen?

Zunächst einmal gibt unser Material auf diese Frage keine Antwort, denn wir haben ja nur einen Augenblick aus dem Leben dieses Ortes herausgegriffen, sozusagen nur einen Querschnitt gemacht, während die Frage, die sich einem in Marienthal immer wieder aufdrängt und die zu beantworten von größter Bedeutung wäre, die Frage nach dem zeitlichen Verlauf ist. Diesen Verlauf selbst können wir nicht schildern, wohl aber können wir alle dynamischen Anzeichen, die sich schon in unserem Querschnitt finden, zusammenstellen; vielleicht lassen sich daraus Schlüsse auf den Verlauf ziehen.

Vorher aber ein kurzer Blick nach rückwärts. Es scheint, daß der Stillegung der Fabrik 1929 eine deutliche Schockwirkung gefolgt war.

Mit einem Schlag ändert sich das Leben in Marienthal. Die Hausfrauen werden zuerst kopflos. Wie soll man das Wirtschaftsgeld einteilen? Wer ist imstande, mit einem plötzlich auf ein Viertel verringerten Einkommen zu wirtschaften? Und viele von denen, die heute mit der bereits gekürzten Unterstützung auszukommen gelernt haben, machten damals, zu Beginn der Arbeitslosigkeit, Schulden über Schulden.

»Von der letzten Lohnauszahlung habe ich schnell noch meinem Mann drei feine Taschentücher gekauft!« erzählt eine Frau. Heute macht sie sich selbst darüber lustig, das war ja damals so überflüssig. Und sie alle können es nicht begreifen, daß das Massenschicksal ist. »Am Anfang hab ich geglaubt, daß nur meiner sich nichts finden kann, immer wieder hab ich ihn auf Arbeitssuche geschickt.«

Die Männer meinen, es ließe sich nicht ertragen, zu Hause

zu sitzen und zuzusehen. 130 Offerten schreibt einer in den ersten Monaten der Arbeitslosigkeit; in diesem Jahr hat er keine einzige mehr geschrieben; nun ist ihm nur mehr leid um das viele Geld fürs Porto. Ungleich schwieriger sind die Verhältnisse heute; alle Vorräte aufgezehrt, alle Kleider abgenutzt, die Unterstützungen gekürzt, viele ausgesteuert. Aber trotzdem waren alle Reaktionen damals verzweifelter und irrationaler.

Der Obmann der Theatersektion berichtet: »Im Jahr 1929 hatten wir nur vier Aufführungen; damals waren die Leute kopfscheu, jeder glaubte plötzlich, er müsse verhungern. Jetzt hat man sich schon wieder gewöhnt. Im Jahr 1930 waren sogar zehn Aufführungen.«

Weit über die materielle Not hinaus wirkte damals dieses Gefühl der Unabänderlichkeit und der Aussichtslosigkeit lähmend. Der Ringerverein wird aufgelöst und im Jahr darauf frisch gegründet. Dasselbe geschieht mit dem Arbeiterfußballklub; auch er wird aufgelöst, auch er wird im Jahr darauf wieder ins Leben gerufen.

Das Charakteristische an dieser Schockwirkung ist, daß sie sich in der darauf folgenden Zeit in manchen Punkten abschwächte. Das Leben, wie wir es vorfanden und hier zu schildern versucht haben, ist sicherlich auf einer höheren Stufe stabilisiert, als in diesen ersten Wochen zu erwarten war.

Stabilisiert? Hier liegt nun die letzte Frage. Versuchen wir in unserem Material zusammenzufassen, was zur Beantwortung beitragen kann. Zunächst verändert sich eindeutig die ökonomische Lage der Bevölkerung, und zwar verändert sie sich zum Schlechten. Das liegt im Wesen des Arbeitslosengesetzes. Mit der Zeit wird die Arbeitslosenunterstützung von der Notstandshilfe abgelöst, die Notstandshilfe wird verringert und kann schließlich ganz eingestellt werden. Die Verschlechterung der ökonomischen Lage aber betrifft nicht nur diese Kürzungen der Unterstützungen; sie erfährt noch eine bedeutsame, den ganzen Vorgang beschleunigende Korrektur durch die ständig fortschreitende Inventarabnutzung. Denn in dem genau ausbalancierten Budget eines Marienthaler Haushaltes ist für keine Neuanschaffung Platz. So kommt der Augenblick, wo Schuhe und Kleider – immer wieder geflickt – doch einmal so zerreißen, daß man sie nicht mehr instand setzen kann. Geschirr wird zerbrochen, das nicht mehr ersetzt werden kann. Ein Krankheitsfall reißt eine ganze Familie in Schulden. Daß sich dieser Abnutzungsfaktor noch nicht schärfer fühlbar gemacht hat, ist vor allem der Tatsache zuzuschreiben, daß die Bevölkerung besonders an Textilien, die sie seinerzeit von der Fabrik fast umsonst bekommen hatte, über außergewöhnlich reiche Vorräte verfügte. Noch heute findet man in manchen Haushalten verschiedene Stücke Stoff, aus denen etwas hergestellt werden kann. Es sind meist Kinderkleider, die hergestellt werden müssen, und dort, wo keine Stoffvorräte vorhanden sind, werden gute, noch tragbare Kleidungsstücke der Erwachsenen auf Kindermäntel und -kleider umgeändert. Erschreckend ist der Mangel an Leibwäsche, den wir bei der genauen Aufnahme des gesamten Inventars dreier Durchschnittsfamilien feststellen konnten. Weniger stark abgenutzt sind Handtücher und Bettwäsche; es gibt sogar noch Polster mit Spitzeneinsatz, Ausstattungsstücke, die nur sehr selten gebraucht worden sind. Aber heute gehen wohl die meisten Frauen daran, ihre Bettwäsche auf Kinderwäsche umzuarbeiten. Die Kinder sind in allen drei Fällen mit Kleidern viel besser versorgt gewesen als die Erwachsenen. Die Frauen erklären das schnell: Bei allen Aktionen öffentlicher oder privater Wohltätigkeit werden zunächst einmal die Kinder beschenkt. Und überdies läßt sich die Wäsche der Erwachsenen für die Kinder umarbeiten, aber nicht umgekehrt. Schließlich sorgt man ja auch vor allem für sie. So ergibt sich, daß der Wäschebestand der Kinder relativ gut ist, während die Erwachsenen kaum das Nötigste besitzen. Wir entnehmen dem von uns aufgestellten Inventar folgende Daten:

Familie 363, bestehend aus Mann, Frau und fünf Kindern. Vorhandene Wäsche: 11 Bubenhemden (6 davon aus alten Hemden des Vaters von der Mutter genäht), 8 Paar Bubenunterhosen, 6 gestrickte Unterhosen, 4 gestrickte Leibchen, 18 Kleinkindhemdchen und Hemdhosen, 6 Taschentücher, 1 Männerruderleibchen, 12 weiche Kragen, 2 weiße Frauenunterröcke mit Spitzen (einer davon wird gerade zertrennt), 1 Frauenhemd, 1 gestrickte Frauenhose. In der Küche finden wir nur mehr 3 Gabeln und ein einziges Messer. Da die Familie seit Wochen kein Fleisch gegessen hat, fällt dieser Mangel weniger auf; in derselben Familie wurde vor kurzer Zeit der Steingutsuppentopf zerschlagen; man verwendet einen Kochtopf. Aber dieser Kochtopf, der bereits 18 Jahre in Verwendung ist und unzählige Male gelötet werden mußte, ist undicht geworden; ob man ihn noch einmal löten kann, ist fraglich.

Wie wird sich mit dieser Verschlechterung der äußeren Lage die Haltung der Marienthaler verändern? Wir greifen noch einmal auf unsere Einteilung in die vier Haltungsgruppen zurück, um uns darüber einige Klarheit zu verschaffen.

Berechnet man für jede dieser vier Gruppen das durchschnittliche »Einkommen« pro Verbrauchseinheit, so erhält man folgende Tabelle:

In der Gruppe:	Betrag (in S):
ungebrochen	34
resigniert	30
verzweifelt	25
apathisch	19

Die Bedeutung dieser Tabelle liegt nun nicht bloß darin, daß sie einen eindeutigen Zusammenhang zwischen Stimmungslage und ökonomischer Lage im Durchschnitt ergibt. Sie läßt auch abschätzen, von welchen Gelddifferenzen die Haltung bereits beeinflußt wird, an welcher Stelle das subjektive Gefühl der Erträglichkeit aufhört. Wir haben ja im vierten Kapitel die Merkmalsunterschiede der verschiedenen Haltungstypen zusammengefaßt. Jetzt erfahren wir: Schon eine Differenz von monatlich 5 Schilling heißt, nur mehr mit Saccharin kochen können oder doch noch Zucker verwenden; die Schuhe in Reparatur geben können oder die Kinder von der Schule zu Hause lassen müssen, weil sie nichts mehr an den Füßen haben; heißt, sich gelegentlich eine Zigarette zu 3 G leisten können oder immer nur Stummel auf der Straße aufklauben; 5 Schillinge mehr oder weniger, das bedeutet die Zugehörigkeit zu einer anderen Lebensform.

Den absoluten Einkommenszahlen muß keine Gültigkeit über Marienthal hinaus zukommen, denn die Verwahrlosung und Verzweiflung mag in Orten, wo nicht gleichmäßig die gesamte Bevölkerung von der Arbeitslosigkeit betroffen wurde, schon bei einer höheren Einkommensstufe einsetzen. Der Vergleich mit der Umgebung spielt sicher eine sehr große Rolle bei allen Fragen der Stimmung und Haltung.

Die Verschlechterung der ökonomischen Lage bringt also eine im Mittel fast errechenbare Veränderung der Stimmung mit sich. Diese Wirkung wird noch dadurch erhöht, daß ja im Zusammenhang damit auch die Gesundheit sich verschlechtert. Es scheint ein ganz unmittelbarer Zusammenhang zwischen Einkommen und Gesundheit zu bestehen. Die Schulkinder wurden untersucht und ihr Befund in Zusammenhang mit der ökonomischen Lage der Familie gebracht. Es ergab sich folgende Zuordnung:

Von den Kindern mit Befund I stehen 38,4 Prozent der Väter in Arbeit.
Von den Kindern mit Befund II stehen 9,4 Prozent der Väter in Arbeit.
Von den Kindern mit Befund III stehen 0 Prozent der Väter in Arbeit.

Auch diese Tabelle ist ein Anzeichen für den weiteren Verlauf der Ereignisse in Marienthal; denn in dem Maß, in dem die Arbeitslosigkeit wächst, wird die körperliche Widerstandskraft offenbar unterhöhlt.

Die Leute verlieren allmählich ihre Berufs- und Arbeitstradition; sie empfinden »Arbeitslossein« bereits als einen eigenen Stand. Und zwar sind weder die ganz Jungen, die oft noch unmittelbar die Erinnerung an die eben erst abgeschlossene Lehrzeit haben, noch die Alten mit ihrer langen Berufstradition am gefährdetsten. Die Gefahr des Verlustes der Arbeits- und Arbeitermentalität ist am stärksten für jene mittlere Gruppe, die ja schon einmal – im Weltkrieg – aus ihrer Berufseinstellung herausgerissen wurde.

Der zahlenmäßige Beleg für diese Gefahr läßt sich aus einem zufällig gewonnenen Material erbringen. Bei den in Marienthal ausgegebenen Zeitverwendungsbogen waren am Kopf folgende Fragen gestellt: Alter, Geschlecht, Beruf. Sehen wir einmal diese Frage und die Antworten an, die gegeben wurden. Es gaben an:

	in Prozenten
Arbeitslos als Beruf	51,9
Einen Beruf	24,7
Beruf mit Vermerk: jetzt arbeitslos	23,4
	100,0

Charakteristisch dabei ist: Fast die Hälfte jener, die noch einen Beruf ohne weitere Bemerkung angeben, sind erst vor kurzer Zeit aus der Lehre gekommen, der andere Teil ist über 50 Jahre alt; nur 1/10 ist zwischen 21 und 50. Die mittleren Altersstufen verlieren offenbar mit der Zeit ihr Berufsbewußtsein und heben sich allmählich als Stand der Arbeitslosen ab. Das ist ein sozialpsychologisches Phänomen, das wahrscheinlich erst wieder in geordneten Zeiten in seiner vollen Bedeutung und Schwierigkeit bewußt werden wird.

Eine Frage von größter Tragweite für das weitere Schicksal der einzelnen Arbeitslosen ist die Frage nach der Veränderung menschlicher Beziehungen durch die Arbeitslosigkeit. Von der Abnahme des politischen Kampfes bei Zunahme der persönlichen Gehässigkeit war schon die Rede; ebenso haben wir Beweise für eine rührende Hilfsbereitschaft besonders Kindern gegenüber schon gegeben.

Über den Einfluß der Arbeitslosigkeit auf die Beziehungen der Familienmitglieder untereinander erfuhr man einiges aus Bemerkungen der Frauen, aus Gesprächen usw. Wir sind uns wohl bewußt, daß diese Quelle höchst ungenügend ist und zum Teil auch sicherlich unter dem Eindruck zufälliger Vorfälle in der Familie verfälscht sein kann; gerade hier wäre objektive, lang andauernde Beobachtung die einzige Möglichkeit gewesen, exaktes Material zu gewinnen.

Das wäre aber weit über die uns gegebenen Möglichkeiten hinausgangen, und deshalb ist gerade in diesem Punkt unser Material sehr lückenhaft. Immerhin sei mit allen Vorbehalten das Bild der Familienverhältnisse während der Arbeitslosigkeit so wiedergegeben, wie es uns von den Frauen geschildert wurde. Wir ziehen daraus keine Schlüsse, sondern zeigen nur die Vielfältigkeit der Möglichkeiten.

In manchen Fällen haben sich die Beziehungen der Ehegatten zueinander durch die Arbeitslosigkeit gebessert. Das ist z. B. in den bereits zitierten Familien der Fall, wo der Mann unter dem Einfluß der Not sich das Trinken abgewöhnt hat.

Auch dort, wo die Frau sich vom Mann vernachlässigt gefühlt hatte, erlebt sie jetzt sein Zuhausesein als Befriedigung. Eine Frau berichtet:

»Im großen und ganzen vertrag ich mich jetzt besser mit dem Mann als bei der Arbeit, weil er mehr aufs Haus und auf die Kinder schaut. Zu den ersten Kindern war er nicht so gut wie zu den späteren.«

Nur der Ansatz zu einer Zusammenfassung solcher Fälle sei gegeben: die Tendenz zur Verbesserung der Beziehungen bestand schon früher von seiten der Frau, die Not räumt die Hindernisse beim Mann weg; sie intensiviert die vorhandene Tendenz.

Eine andere Möglichkeit: In Ehen, in denen sonst anscheinend ein normales Einvernehmen geherrscht hat, kommt es jetzt unter dem Druck der Verhältnisse zu nervösen Ausfällen und gelegentlichen Unstimmigkeiten. Das beste Beispiel für einen solchen Fall fanden wir im Tagebuch eines Arbeitslosen, das dieser seit Beginn der Arbeitslosigkeit regelmäßig führte. Wir erkennen deutlich die Trübung der Beziehung, die jedoch nicht wirklich das gute Einvernehmen zwischen Mann und Frau zerstört, sondern nur neue, ungewohnte Spannungen und kleine Konflikte hineinträgt. Mann und Frau sprechen Dritten gegenüber auch jetzt noch mit größter Achtung und Liebe voneinander.

Wenige Wochen nach Beginn der Arbeitslosigkeit heißt es dort:

»Gehe mit Martha [seine Frau; Anm. d. Verf.] in den Wald, um einiges Holz zu brechen. Der einzige Freund, der beste im Leben, ist ein gutes Weib.«

Ein paar Tage später:

»Martha, dieser treueste Lebensfreund, bringt nun ein einziges Kunststück fertig, wert, anderen zur Nachahmung empfohlen zu werden: sage um 65 G ein Nachtmahl für drei Erwachsene und vier Kinder herzustellen.«

Ein paar Wochen später:

»Ich bin zum Schweigen verurteilt, aber Martha beginnt zu wanken... Heute war Auszahlung; nach der Zahlung unserer Schulden bei unserer lieben Greislerin blieb uns sage und schreibe nichts ... Eisiges Schweigen zu Hause, Nichtigkeiten zerstören die Harmonie. Heute gibt es keinen Gutenachtgruß.«

Ein paar Tage später:

»Wie fremd steht man sich gegenüber, man verhärtet zusehends. Bin ich denn schuld an den schlechten Zeiten, daß ich alle Vorwürfe schweigend ertragen soll???«

Ein Beispiel derselben Art ist die Familie 178. Die Frau berichtet:

»Zu Hause gibt es jetzt manchmal Streit, aber nur kleine Unstimmigkeiten; vor allem wenn die Buben strabanzen und die Schuhe ruinieren.«

Schließlich gibt es auch Fälle, in denen die Beziehung durch die Arbeitslosigkeit wesentlich verschlechtert ist. Wenn man näher zusieht, so findet man vielleicht, daß diese Ehen schon vor der Arbeitslosigkeit nicht durchweg glücklich waren. Die gespannte Situation hat durch die Not eine starke, oft entscheidende Verschlechterung erfahren.

Eine Frau erzählt:

»Er war schon während der Fabrikzeit ziemlich streitsüchtig, aber die Kollegen haben ihn gern gehabt und sind ihm ausgewichen, wenn sie gesehen haben, daß er rappelt. Jetzt ist das natürlich ärger, weil alles auf die Familie ausgeht.«

Eine andere Frau:

»Mit dem Mann hab ich oft Streit, weil er sich um nichts kümmert und nie zu Hause ist. Vor der Arbeitslosigkeit war es nicht so arg, da hat er doch in der Fabrik mehr Ablenkung gehabt.«

Eine dritte Frau berichtet, daß der Mann früher viel trank und sich schlecht mit ihr vertrug. Sie fügt hinzu:

»Durch die Not sind noch mehr Streitigkeiten gekommen, weil man mit den Nerven ganz kaputt ist und keine Geduld mehr hat.«

Soweit uns also unser Material Einblick in die Beziehungen zwischen Mann und Frau gibt, dürfen wir vermuten, daß ihr Verhältnis zueinander sich in der Not der Arbeitslosigkeit nur in ganz wenigen Fällen gebessert hat. Im allgemeinenb werden in den friedlichen Ehen kleine Unstimmigkeiten häufiger als früher vorkommen, während in schon früher getrübten Beziehungen die Schwierigkeiten in erhöhtem

Maß sich auswirken. Die Tendenzen, die jeweils in der Ehe selbst liegen, werden also durch die äußeren Umstände verschärft.

In die Veränderungen der Beziehungen zwischen Eltern und Kindern suchten wir durch die Erziehungsberatungsstellen, die wir der ärztlichen Sprechstunde angliederten, Einblick zu gewinnen. Es scheint uns nicht, als ob es in Marienthal mehr schwer erziehbare Kinder gebe als anderswo. Auch die Lehrer in der Schule bestätigten unseren Eindruck. Charakteristisch sind nur gelegentliche Klagen, daß die Kinder beim Fußballspiel ihre Schuhe zerreißen und dergleichen. Im übrigen hatten wir nicht nur aus der Erziehungsberatungsstelle, sondern auch aus unseren Beobachtungen den Eindruck, daß die Autorität der Eltern nicht gelitten hat. Die Familie erfüllt ihre Rolle als Erziehungsmilieu so gut oder so schlecht wie während der Arbeit.

In dieser Tatsache, daß die persönlichen Beziehungen sich als widerstandsfähiger erwiesen als die Beziehungen zur Arbeit und zu den sozialen Institutionen, liegt ein Hinweis auf sehr allgemeine psychologische Zusammenhänge, auf die wir hier aufmerksam machen, ohne ihnen weiter nachgeben zu können. –

Wir nähern uns dem Schluß unseres Berichtes. Wir konnten ziemlich genau überblicken, welche materiellen Hilfsquellen die Marienthaler haben und wie sie über sie verfügen. Langsam, aber stetig steigt der materielle Druck. Wir haben seine Wirkung verfolgt und die Formen, in denen die Arbeitslosen ihm begegnen. Die Ansprüche an das Leben werden immer weiter zurückgeschraubt; der Kreis der Dinge und Einrichtungen, an denen noch Anteil genommen wird, schränkt sich immer mehr ein; die Energie, die noch bleibt, wird auf die Aufrechterhaltung des immer kleiner werdenden Lebensraumes konzentriert.

Als charakteristisches Zeichen für diese Reduktion fanden wir einen deutlichen Zerfall des Zeitbewußtseins, das seinen Sinn als Ordnungsschema im Tagesablauf verliert; nur die menschlichen Beziehungen scheinen im wesentlichen noch intakt. Zwar haben wir verschiedene Haltungstypen unterschieden: eine aktivere, zuversichtlichere als die charakteristische Gruppe der Resignierten, zwei andere darüber hinaus gebrochen und hoffnungslos. Aber jetzt zum Schluß haben wir erkannt, daß hier vermutlich nur verschiedene Stadien eines psychischen Abgleitens vorliegen, das der Reduktion der Zuschüsse und der Abnutzung des Inventars parallel geht. Am Ende dieser Reihe stehen Verzweiflung und Verfall.

Wir schildern im folgenden den Eindruck, den eine Familie gelegentlich eines Besuches bietet; ihre Lage scheint uns charakteristisch für jenes letzte Stadium vor der Katastrophe, bis zu dem wir in Marienthal unsere Untersuchung führen konnten.

Es war Sonntag, als wir hinkamen, und die Familie in keiner Weise auf unser Erscheinen vorbereitet. Beim Eintritt bot sich uns folgendes Bild. Der Vater saß auf einem niedrigen Schemel, vor ihm ein Haufen zerrissener Kinderschuhe, die er mit Dachpappe zu reparieren suchte. Die Kinder saßen regungslos nebeneinander auf einer Kiste, in Strümpfen. Sie warteten auf das Fertigwerden der Schuhe. Der Vater erklärt verlegen: »Sehen Sie, das ist meine Sonntagsbeschäftigung. Am Sonntag muß ich die Schuh halt ein bißl zusammenflicken, daß sie am Montag wieder in die Schul' gehen können.« Er hebt die völlig zerrissenen Schuhe des Ältesten auf. »Was ich mit denen mach, weiß ich nicht. Zu den Feiertagen kann er nicht vor die Tür gehen.«

Wir nehmen das Inventar der Wohnung auf. Die Wohnung macht einen äußerst reinlichen und gepflegten Eindruck, die Kleidungsstücke der Frau und der Kinder sind peinlich sauber. Der Mann allerdings hat ein völlig zerrissenes Hemd und eine vielfach geflickte Hose an. Bei der Inventaraufnahme finden wir seine Angabe, daß dies alles sei, was er besitze, bestätigt. Seine Röcke und Hosen sowie ein Überrock waren längst in Kinderhosen und Mäntel verwandelt worden. Er sagt: Ich brauch nicht hinausgehen, aber die Kinder müssen in die Schule. Die Reste dieses so zusammengeschrumpften Besitzstandes befinden sich in musterhafter Ordnung. Die Kinderhemden sind mit Wäschebändern zusammengehalten, die Sommerkleider in ein altes Tischtuch eingeschlagen und wohlverwahrt. Jedes Stück hat sichtlich seinen bestimmten Platz. An der Wand, auf der Kommode, im Kasten, überall finden sich Schachteln und Holzschatullen, in denen der Besitzstand geordnet aufbewahrt wird. Meist ist eine Aufschrift angebracht, die den Inhalt angibt. Neben dem Eingang hängt ein Schlüsselbrett, darauf eine Anzahl Schlüssel. Jeder trägt ein Schild, worauf seine Verwendung vermerkt ist.

Das jüngste Kind fällt uns auf. Das Gesicht scheint fiebrig aufgedunsen, die Nasenpartie geschwollen. Das Kind atmet laut mit offenem Mund. Die Mutter erklärt: »Es ist immer verkühlt, wir sollten ihm die Mandeln und die Polypen nehmen lassen, aber wir haben kein Geld zum Hineinfahren ins Spital. Man müßt ihn ja auch wieder abholen. Das sind zwei Fahrten. Vielleicht im Frühjahr.« Wir erfahren, daß das eine Kind lange Zeit mit einer Rippenfellentzündung in Wien im Spital gelegen hat und erst vor kurzem, von Ärzten und Schwestern reich beschenkt, wieder zurückgekommen ist. Eine ganze Ausstattung habe sie mitgebracht. Auch die jüngste Schwester hat davon etwas bekommen. Ein Kind ißt dreimal in der Woche bei einer Nachbarin zu Mittag. Der Mann erzählt, daß es ihnen in den letzten paar Tagen furchtbar schlecht gegangen sei. Sie hätten nur noch Brot kaufen können, und das nicht ausreichend. Aber die Kinder kamen jeden Augenblick herein und verlangten noch ein Stück, sie konnten nicht satt werden. Die Frau saß in der Küche und weinte. Da entschloß er sich, auf die Gemeinde zu gehen. Der Vizebürgermeister gab ihm ein Paket mit Mehl, das von der Winterhilfsaktion übrig geblieben war; außerdem erhielt er einen Vorschuß von 3 Schilling auf die nächste Arbeitslosenunterstützung. Sonst hätten sie heute, Sonntag, keinen Bissen zu essen gehabt.

Wie aber die Dinge nun tatsächlich weitergehen, können wir nicht absehen, selbst wenn in der äußeren Situation keine unerwarteten Veränderungen eintreten. Denn es ist zweierlei möglich: Es mag sein, daß innerhalb der Gesamtheit bei steigender Not Kräfte entstehen, die zu ganz neuen Erscheinungen führen (Revolte, Wanderungen); es kann aber auch sein, daß sich die Schicksalsverbundenheit der Marienthaler Bevölkerung eines Tages löst und jeder sich seinen eigenen Rettungsversuchen anvertraut.

Für den ersten Fall ist eine Voraussage der Sache nach überhaupt nicht möglich. Im zweiten Fall aber wird eine Frage wichtig, zu der wir doch noch einiges beitragen können: Wie beeinflußt das Lebensschicksal des einzelnen seine Widerstandskraft während der Arbeitslosigkeit, wie hängt früheres Erleben mit der heutigen Haltung zusammen?

Wir haben an Hand von 62 ausführlichen Biographien Vergleiche zwischen dem Verhalten in früheren Jahren und dem Verhalten während der Arbeitslosigkeit angestellt und fassen die allgemeinen Ergebnisse, zu denen wir kamen, an

Hand dieser Beispiele noch kurz zusammen. Wir beginnen mit den zwei Biographien eines Ehepaares, das wir in seiner heutigen Haltung als resigniert bezeichnen: Der Haushalt funktioniert ordentlich, die Frau ist ruhig und nett, eine gute Mutter, die sehr auf ihre Wirtschaft schaut. Der Mann hat seine Bedürfnisse (Gasthaus usw.) ziemlich eingeschränkt; gelegentlich geht er ins Arbeiterheim; für die Zukunft hat er wohl keine Pläne, doch schaut er sich immerhin nach Arbeit um[1].

T. J., geb. 1876 in Mähren, zehn Geschwister, davon leben nur er und sein Bruder. Besuchte die Schule in Gramat-Neusiedl, 8 Jahre, sein Lieblingsgegenstand war Zeichnen. Er wollte gern Zimmermann werden, es fand sich aber kein Posten. Er mußte daher in die Weberei und blieb dort drei Jahre. Die Weberei interessierte ihn aber nicht, und er ging nach Mitterndorf. Im Jahre 1894 brannte die Fabrik ab, er arbeitete am Wiederaufbau mit, und zwar vier Monate als Betonierer. Zu dieser Zeit war sein Bruder schon im Ausland. Er beneidete ihn sehr und wollte auch weg. Damals bot sich eine Gelegenheit, als ein Polierer auswanderte und ihn mitnehmen wollte, aber er konnte die Mutter nicht allein lassen. Dadurch ist er nie weggekommen und beneidete noch jetzt seinen Bruder wegen seiner Erfahrung im Ausland. Er kam dann nach Marienthal zum Bau des Maschinenhauses; dort arbeitete er sich hinauf vom Hilfsarbeiter in der Spinnerei bis zum Gehilfen beim Maschinenmontieren. Als junger Bursch suchte er gern Unterhaltungen, sie waren eine Gruppe von 10–12 Kollegen, die auf Hetz ausgingen. Gelesen hat er nie etwas anderes als Zeitungen, kein Interesse für Sport. Von 1914 bis 1916 war er Maschinenschmierer; als die Fabrik stillstand, war er von 1916–1919 in Bruck in der Konservenfabrik. Als man in der Fabrik sah, daß er der einzige war, der etwas von Maschinen verstand, bekam er eine schöne Stelle als Maschinenmeister. Im Jahre 1919 war er kurze Zeit arbeitslos, bekam dann eine Stelle in der Zuckerfabrik, kam nach vier Monaten nach Mitterndorf ins Lager zum Holzplatz, und als man dort sein Interesse für Maschinen bemerkte, kam er nach wenigen Wochen ins Zentralheizhaus. Dort blieb er vier Monate und kam dann wieder zurück in die Fabrik zu den Turbinen, wo er bis 1920 arbeitete. Als die Spinnerei anfing, arbeitete er dort als Schmierer bis 1928. Sein Hauptinteresse waren von jeher die Maschinen gewesen. Er ist sehr stolz auf seine Kenntnis der Maschinen, die er sich selbst angeeignet hat und die ihm immer bessere Stellen verschafft hat. Seine Kenntnisse sind nur praktisch, er hat nie etwas über Maschinen gelesen. Im Jahre 1900 heiratete er knapp vor der Geburt des ersten Kindes. Er kannte seine Frau vier

Jahre, lernte sie bei einer Unterhaltung kennen, sehr gute Ehe. Er hat vier Kinder, 28, 26, 17 und 14 Jahre. Der 14jährige soll lernen, was ihm Freude macht, Hauptsache ist, daß er etwas lernt. Voriges Jahr war die Frau mit ihm in Wien in einem Geschäft, dort wollte ihn der Chef gleich als Lehrling behalten. Sie mußte versprechen, den Buben gleich nach der Schule zu ihm zu bringen, er hofft, daß daraus etwas für den Buben wird. Er selbst hat seit der Arbeitslosigkeit drei Monate bei der Bachregulierung, vier Monate beim Schulbau und fünf Monate in Mannersdorf gearbeitet. – Er fährt mit dem Rad herum und schaut sich nach Arbeit um. Pläne für die Zukunft hat er keine, das muß man den Jüngeren überlassen.

Nebenverdienst durch das Desinfizieren bei Infektionskrankheiten. Früher ist er öfters ins Gasthaus gegangen, damals hat er schön verdient, jetzt geht es nicht. Seine freie Zeit verbringt er jetzt hauptsächlich zu Hause (Schrebergarten, Kaninchen), geht hie und da ins Arbeiterheim. Seine schönste Zeit war, wie er ledig war, damals hat man an nichts zu denken brauchen, man hat nur für Kost zu zahlen brauchen, das übrige hat man ausgeben können. Die schlechteste Zeit ist jetzt, weil kein Geld da ist. Die Kriegszeit war auch schlecht, da hat man Geld gehabt und nichts zu essen, und jetzt ist es ärger, da das Essen da wäre und man es nicht kaufen kann.

T. F., geb. 1883 in Mähren. Mit sieben Jahren kam sie nach Marienthal, der Vater war Taglöhner, acht Geschwister. Bis zum 14. Jahre in die Schule gegangen, Vorzugsschülerin, hätte gern nähen gelernt, kam aber nicht dazu, weil sie gleich in die Fabrik mußte; sie arbeitete dort bis zum Jahre 1912, dann ging sie weg von der Fabrik, weil ihre Lunge angegriffen war; seit damals ging sie nicht mehr arbeiten. Mit 18 Jahren heiratete sie. Der Mann war vorher mit ihrer Schwester verheiratet, die starb nach einem Jahr an Kindbettfieber. Dann heiratete er gleich sie. Der Mann ist zehn Jahre älter als sie, sie vertrugen sich immer sehr gut, es gab nie einen Streit, der Mann gibt sein Geld her, trinkt nicht, spielt nicht und hilft ihr. Sie hat im ganzen sieben Kinder gehabt, vier davon sind am Leben. Zwei starben ganz klein, eins mit neun Jahren, weil es vom Arzt falsch behandelt wurde. Jetzt ist es viel schwerer, weil sie mit dem Geld kaum auskommt, sie muß fast alles nähen, auch für die großen Burschen. In 14 Tagen braucht sie 60 S für Lebensmittel und Kohlen, dazu kommen noch Milch und Fleisch am Sonntag. Wenn noch Geld übrig bleibt, muß sie es für den Schuster ausgeben. Im Sommer hilft der älteste Sohn aus, der Maler und Anstreicher ist. Dann kann sie hie und da etwas kaufen (Schuhe und neue Hosen). Auf Raten kauft sie nie, diesen Kummer tut sie sich nicht an. Ihre beste Zeit war von der Verheiratung bis 1912. Da haben sie am besten verdient. Dann ist sie krank geworden und hat sich schonen müssen. Die schlechteste Zeit war im Krieg, weil man kein Geld hatte und nur Ersatzmittel. Von den Kindern macht ihr eines große Sorge, es fehlten ihm nur zehn Wochen bis zur Auslehre als Friseur, da bekam es irgendwelche Anfälle und wurde zurückgeschickt. Sie wäre froh, wenn sie eine Lehrstelle finden könnte, wo der Bub auslernen könnte. Als junges Mädel hat sie gern getanzt, jetzt ist sie schon zu alt für Tanzunterhaltungen, aber sie geht gern ins Kino und ins Theater, wenn hier etwas ist.

Gewisse Züge der Resignation finden sich ja schon im früheren Leben des Mannes, z. B. in der Tatsache, daß er immer ins Ausland fahren wollte und es nie getan hat. Noch heute beneidet er seinen Bruder, der seine Auslandsreise durchgesetzt hat. Auch sein mangelndes Interesse an Lektüre, sogar am Sport, könnte man als Resignation bezeichnen.

Seine kränkliche Frau, die schon als ganz junges Mädchen den Verzicht auf einen erwünschten Beruf zu tragen hatte, macht denselben Eindruck. Schließlich ist ja auch die Tatsache, daß sie den Mann ihrer verstorbenen Schwester heiratet, das Zeichen einer recht geringen Expansivität ihrer Persönlichkeit. Ihr früheres Leben ist wie ihr jetziges charakterisiert durch eine gewisse genügsame Zufriedenheit.

In diesem Fall wird die Haltung eigentlich weitgehend beibehalten. Es war früher ein ruhiges, bescheidenes, einfaches Leben; es ist heute ebenso.

Ganz anders liegt der Fall bei der nachfolgenden Biographie: es handelt sich um einen 34jährigen Arbeitslosen, der heute völlig verzweifelt ist.

F. W., geboren 1897 in Marienthal. Der Vater war Legemeister. Vom 6.-14. Jahr geht er in die Schule, er war ein ziemlicher Schlingel, hat keinen Lieblingsgegenstand gehabt. Mit dem Lehrer kommt er gut aus, weil er den Respekt vor ihm bewahrt hat. Mit 14 Jahren kommt er in die Fabrik. Er will in der Druckerei lernen, bleibt dort zwei Jahre. Dann geht der Vater wegen Zwistigkeiten mit Arbeitskollegen nach Neufeld. Er hätte sich als Vorgesetzter einem Arbeiter gegenüber zurückstellen lassen sollen. Dazu ist er zu stolz. Er nimmt den Sohn mit. Niemand hat daran gedacht, ihn bei seiner Arbeit zu lassen, obwohl er es sich sehr gewünscht hätte. In Neufeld geht wieder die ganze Familie in die Fabrik; er ist erst Hilfsarbeiter, dann kommt er in die Manipulation. Er steht damals im Wochenlohn. Er ist recht zufrieden, fügt sich überall ein, opfert seine freie Zeit, um die Schulbildung nachzuholen. Im Jahr 1915 muß er einrücken. Er hätte enthoben werden können, lehnt das aber ab und geht als Freiwilliger. Nach ein paar Wochen bereut er das. Er ist zuerst in Wien zur Ausbildung, dann kommt er nach Istrien; er wird dort malariakrank und ist durch die Krankheit heute eigentlich ein Invalide. Im Jahr 1917 kommt er ins Spital und bleibt dort bis zum Umsturz. Von dort geht er wieder nach Neufeld für zwei Jahre. Die Eltern erhalten ihn, sie lassen ihn nicht in die Fabrik gehen, weil er zu schwach ist. Der ältere Bruder ist gefallen. Von 1920 bis 1925 arbeitet er bei einer Baufirma in Zwillingsdorf. Dann wird der Betrieb aufgelöst, er kommt nach Marienthal und wird Hilfsarbeiter in der Fabrik. Er bringt es bald bis zur Büroarbeit in der Druckerei. Damit ist er sehr zufrieden. Nur das Gehalt ist nicht sehr groß.

Im Jahre 1922 hat er geheiratet, die Frau stammt aus Ebenfurth, ist ein Jahr älter als er. Sie haben zwei Söhne von zwei und sieben Jahren. Alle sind bei ihm zu Hause unterernährt. Im Krieg war es besser als jetzt.

Sein Ziel war immer: Er will sich in jedem Betrieb vom Hilfsarbeiter in die Höhe bringen. Bei jeder Arbeit ist er mit Leib und Seele. Er ist für alles zu verwenden. Wenn man ihn nur irgendwo anfangen läßt, kommt er schon in die Höhe. Im ersten Jahr seiner Arbeitslosigkeit hat er 130 Offerten geschrieben, aber von nirgends eine Antwort bekommen. Er hat noch nicht einen Groschen neben der Arbeitslosenunterstützung verdient. Jetzt ist es schon ganz hoffnungslos. Er würde so gern sein eigenes Brot essen wollen. Seine Frau war niemals in einem Betrieb gewesen, sie ist total ruiniert, vor allem mit den Nerven. Immer krank und mißmutig. Er hat gar keine Hoffnung, man lebt von Tag zu Tag dahin und weiß nicht, warum. Man hat schon keine Widerstandskraft mehr. Hier in der Fabrik war er schon sehr gut eingearbeitet in der schweren Büroarbeit. Er hatte sich ja schon als junger Mensch gewünscht, in eine Stoffdruckerei hineinzukommen. Da war er glücklich. Er würde sehr gern nach Wien gehen, schon wegen der Kinder, damit sie etwas lernen können. Er würde gern seinen größten Buben studieren lassen, aber das geht ja nicht. Wenn er schon mit seinen Lernplänen durchgefallen ist, sollen es wenigstens seine Kinder besser haben.

Dieser Mann ist ein Mensch mit ganz besonders hohen Ansprüchen an das Leben gewesen. Er war ehrgeizig und fleißig; wie er selbst sagt, war es immer sein einziger Wunsch, sich irgendwo in die Höhe zu bringen. Er opfert seine freie Zeit, um die Schulbildung nachzuholen, und, was das Entscheidende ist, sein Ehrgeiz wird tatsächlich befriedigt. Er bringt sich überall in die Höhe, trotz seiner körperlichen Schwäche. Charakteristisch ist bei ihm auch die Übertragung seiner eigenen Lebenspläne auf seine Kinder. Nun kommt die Arbeitslosigkeit. Am Anfang ist er noch so von seinen individuellen Fähigkeiten durchdrungen, daß er hofft, bald irgendwo anders unterzukommen. 130 Offerten schreibt er in der ersten Zeit; auf keine bekommt er eine Antwort. Da beginnt er das Unlösbare seiner Situation zu begreifen; es gibt keinen Wirkungsbereich mehr für seinen großen Ehrgeiz, seinen Wunsch sich durchzusetzen und anerkannt zu werden. Dieser Absturz ist für ihn gerade wegen des großen Vertrauens, das er immer in sich gesetzt hat und das jetzt enttäuscht wird, unerträglich. Er bricht zusammen. Zunächst einmal schaut er sich nicht mehr nach Arbeit um. Seine Frau, die krank und nervös ist, führt ihren Haushalt tadellos. Wenn man ihn besucht, so fällt einem der Kontrast auf zwischen seiner verzweifelten Stimmung und seinem netten gemütlichen Heim. Man erzählt von ihm, daß er früher ein sehr eifriger Funktionär der Christlichsozialen Partei gewesen sei, nun hat er auch dort seine Funktionen niedergelegt.

Wir finden in unserem Material eine ganze Reihe solcher Lebensläufe, die man vielleicht am besten als Absturzexistenz bezeichnen könnte. Dieser Absturz tritt gewöhnlich dann ein, wenn Ehrgeiz und große Ansprüche früher das Leben des Betreffenden beherrscht haben.

Doch gibt es aus der Gruppe derer, denen es früher besonders gut gegangen ist, auch andere Reaktionen auf die Arbeitslosigkeit; zeigen wir auch hierfür ein Beispiel:

Frau J. K., geboren 1890 in Erlach bei Pitten. Der Vater war eifrig in der Sozialdemokratischen Partei tätig und mußte deshalb ununterbrochen seinen Arbeitsplatz wechseln. Bevor sie sechs Jahre alt war, war sie an sechs verschiedenen Orten. Sie landeten dann in Marienthal, wo die politischen Verhältnisse ziemlich günstig waren. Der Vater war hier Weber. Sie hatte vier Geschwister, ging sehr gern in die Schule, lernte gut, ohne für ein einzelnes Fach eine besondere Vorliebe zu haben. Sie wollte gern Feinputzerin werden, aber die Geschwister waren noch klein, und es ging nicht aus. Sie kam in die Fabrik als Laufmädel und arbeitete bis 1914 in der Fabrik. Sie ging sehr gern auf Unterhaltungen, tanzte leidenschaftlich, fuhr häufig nach Wien ins Kino und ins Theater. 1910 heiratete sie, ihr Mann war auch in der Fabrik; es war eine sehr gute Ehe, sie hat keine traurige Stunde mit ihrem Mann gehabt. Beim zweiten Kind blieb sie dann zu Hause und dachte, sie würde sich ihrem Kinde widmen können. Der Mann rückte ein und fiel im Jahre 1917. Damals waren die Kinder eineinhalb Jahre, drei Jahre und sieben Jahre alt. Sie mußte wieder zur Arbeit gehen, trat 1910 in die Konservenfabrik ein, arbeitete dann verschiedentlich in Mitterndorf an der Bahn, kam 1920 nach Marienthal zurück und war bis 1929 in der Fabrik beschäftigt. Jetzt bezieht sie 39 S Unterstützung. Aus allen ihren Söhnen ist etwas geworden. Der älteste ist Gärtner in Marchegg und verdient 44 S in der Woche, der kann ihr nichts geben, weil er auf ein Motorrad spart, aber der zweite ist in Wien beschäftigt und verdient 40 S in der Woche, außerdem bekommt er alle Hemden vom Betrieb. Er gibt ihr 30 S in der Woche. Den jüngsten hat sie noch zu erhalten. Er ist in Wien in der Lehre. Sie hat immer alles für die Kinder gemacht. Der Jüngste ist für Musik begabt; sie hat ihn Musik lernen lassen und hat sogar in der schwersten Zeit 7 S im Monat für den Musiklehrer aufgebracht. Ihre freie Zeit hat sie immer gern auf Unterhaltungen, im Theater und Kino zugebracht. Sie ist immer lustig, tanzt jetzt noch »als a Alte« gern. Nach dem Krieg begann sie aktiv in der sozialdemokratischen Bewegung zu arbeiten, war erst in der Frauenorganisation, dann in der Kinderfreunde-Bewegung tätig. Sie ist im Ausschuß der Kinderfreunde. Seit die Kinderfreunde den Hortleiter entlassen mußten, leitet sie einen Nachmittag in der Woche das Kinderheim. Ihre schwerste Zeit war von 1916 bis 1918 und dann im vorigen Jahr bis zum August. Im Krieg ging es ihr schlecht, weil der Mann fiel und sie mit den drei Kindern allein war. Erst im Jahr 1918 wurde es wieder besser, weil sie sich in der Konservenfabrik leicht Lebensmittel verschaffen konnte. Voriges Jahr war es insofern schlecht, als sie ganz von den Söhnen abhängig war. Verhungert wäre sie wohl nicht, aber man will doch den Buben nicht alles wegnehmen. Ihre beste Zeit ist jetzt, weil sie nun sieht, daß aus den Kindern etwas geworden ist. Sie hängen auch alle an ihr, führen sie nach Wien aus ins Kino und schauen auf sie. Ihr Geld teilt sie sich so ein, daß sie das Geld vom Sohn und von der Unterstützung für Lebensmittel verbraucht und die 50 S monatliche Rente für Kleider. Wenn keine Kleider gebraucht werden, so bessert sie im Essen zu. Sie kauft den Buben jetzt schon Sachen, ohne daß sie es wissen. Sie denkt sich: »Wenn einer einmal heiratet, daß er ein bißl was hat.«

Diese Frau hat immer eine große Eignung bewiesen, sich ihr Leben gut einzurichten. Sie hat diese Fähigkeit auch heute nicht verloren. Sie hat sich in ihrer Jugend gut unterhalten, Geselligkeit aufgesucht, getanzt, war oft im Theater gewesen. Auch heute noch läßt sie sich von ihren Kindern gelegentlich ins Kino führen. An Stelle des Tanzes tritt die altersgemäßere Arbeit in der Kinderfreundeorganisation. Gleich geblieben ist ihr Bedürfnis nach Umgang mit Menschen, das sie heute wie damals zu befriedigen versteht. Man hat den Eindruck, daß sie aus ihrer guten Zeit, aus der Arbeitszeit, sowohl materiell als seelisch noch so viel Vorräte hat, daß sie nicht so leicht in ihrer Haltung zum Leben zu erschüttern ist. Wie sie sich wandeln würde, wenn die Unterstützung gekürzt, ihre Söhne arbeitslos würden, läßt sich freilich nicht vorhersagen.

Wir können hier nicht alle Biographien diskutieren, nur das Gesamtergebnis dieser Vergleiche zusammenfassen: Im allgemeinen halten diejenigen, denen es früher besonders gut gegangen ist, entweder besonders lang oder besonders kurz stand. Bei denen, die besonders lange standhalten, läßt sich schwer unterscheiden, was auf Rechnung eines materiellen Vorsprungs, was auf Rechnung ihrer Elastizität kommt, weil fast immer beides zugleich vorhanden ist und auch schon in der Lebensgeschichte beides in Wechselwirkung stand. Da erklärt z. B. eine Frau, daß sie Kleidersorgen gar nicht kennt, weil sie einst eine besonders reichhaltige Ausstattung bekommen habe, die noch heute, nach zehn Jahren, standhalte; und stolz belehrt sie uns, daß sie es nie nötig gehabt habe, zu arbeiten. Andererseits gibt es in dieser Gruppe z. B. einen Mann, der früher ein sehr bewegtes, abenteuerreiches Leben geführt hat, bald da und bald dort sich aufgehalten hat und dem es dabei niemals wirklich schlecht gegangen ist, auch wenn es materiell nicht immer gut um ihn stand; er nimmt sein heutiges Schicksal in all seine Abenteuer auf, mit denen er immer »irgendwie« fertig wird. Im allgemeinen haben wir es hier mit ökonomischen und seelischen Hilfsquellen zugleich zu tun.

Die Menschen aber, denen es früher gutging und die heute besonders schlecht durchhalten, sind vor allem auffallend durch ihren großen Mangel an Elastizität. Es sind die Absturzexistenzen, die einfach den großen Unterschied von früher zu jetzt nicht erfassen und nicht ertragen können. Bei einigen von ihnen hat man den Eindruck, daß es sich um eine durch ihr individuelles Schicksal bedingte besondere Verlängerung der Schockwirkung handle, die dann allmählich in eine Resignation übergehen wird. Bei anderen aber ist das Gefühl des unerwarteten und unverdienten Absturzes so stark, daß man in ihrem Verhalten nicht die geringste Andeutung eines Sich-Abfindens bemerken kann. Sie scheinen früher als der ganze Ort individuellen Katastrophen zuzutreiben. Es kann sehr wohl sein, daß das jene psychologische Situation ist, die in der Großstadt in Selbstmord oder eine ähnliche Katastrophenreaktion ausmündet.

Diejenigen, denen es früher besonders schlechtgegangen ist, gehören entweder auch heute zur Gruppe der Gebrochenen oder sie steigen – getröstet durch die Allgemeinheit des Elends – in die Gruppe der Resignierten auf. Da gibt es z. B. einen Mann, der sich vor Jahren in einer gehobenen Stellung einiges zuschulden kommen ließ, eine Strafe abbüßen mußte und seither den Zusammenhang mit den übrigen Ortsinsassen fast völlig verloren hat. Er und seine Familie leben ziemlich abgeschlossen für sich, in großem Elend. Auch wirtschaftlich war durch das Vergehen des Mannes die Familie schon z. Z. des Fabrikbetriebes sehr schlecht gestellt; man begreift, daß in diesem und in ähnlichen Fällen kein Grund zu einer Veränderung der Gesamthaltung vorliegt. Dasselbe gilt für eine Familie, in der der Familienerhalter Gewohnheitstrinker ist, Frau und Kinder quält und prügelt. Auch für diese Familie ist die Situation durch die Arbeitslosigkeit nicht wesentlich verändert worden, sie hat daher auch ihr Verhalten nicht geändert. In anderen Fällen aber, wo früher großes Elend herrschte und die Familien, nach dem Lebenslauf des Familienerhalters zu schließen, schon damals zur Gruppe der Gebrochenen hätten gezählt werden müssen, ist durch die Arbeitslosigkeit eine gewisse Entspannung eingetreten. Wenn z. B. eine Mutter von 3 Kindern, deren Mann nach kurzer Ehe gestorben war, von frühester Jugend an ihr ganzes Leben mit dem ihrer Altersgenossinnen zu vergleichen gewohnt war, begreift man, daß jetzt dieser Vergleich weniger zu ihren Ungunsten ausfällt. Nun ist die doppelte Last – Haushalt und Fabrik – von ihr genommen, sie bezieht ihre Unterstützung und lebt – das scheint in ihrem Leben das Entscheidende zu sein – nicht viel anders als die übrigen Frauen im Ort. Es gibt eine Reihe solcher Fälle in unserem Material.

Schließlich konnten wir feststellen, daß diejenigen, die früher ein normales, nach keiner Seite hin besonders ausgezeichnetes Arbeitsdasein geführt hatten, sich unspezifisch auf die drei Haltungsgruppen verteilen. Neben Einkommen und Alter werden wohl auch bei ihnen gewisse charakterologische Faktoren Einfluß auf ihre heutige Haltung gewonnen haben, doch reichte unsere grobe Analyse der Vergangenheit nicht aus, um diese charakterologischen Züge aufzudekken.

Damit sind wir an die Grenze unserer Fragestellung und unserer Methodik gekommen, die auf das Allgemeine und Charakteristische gerichtet war. Wir haben als Wissenschaftler den Boden Marienthals betreten: wir haben ihn verlassen mit dem einen Wunsch, daß die tragische Chance solchen Experiments bald von unserer Zeit genommen werde.

Hans Zeisel

Zur Geschichte der Soziographie

Einleitung

In der Gesellschaftsverfassung der Alten Welt und des Mittelalters ist die systematische Übersicht über das eigene Gemeinwesen niemals ein selbständiges Problem geworden. Denn diese Übersicht war integrierender Bestandteil der Gesellschaftsverfassung selbst. Die ihr unterworfenen Menschen waren traditionell definiert durch den ihnen zugemessenen Lebensraum: seine Überschreitung verletzte öffentliches Recht. Nur fremde Völkerschaften waren zuweilen Gegenstand mehr oder weniger systematischer Forschungen. Zum allgemeinen Problem wird die Übersicht über die Lebenslage sozialer Gruppen erst mit dem Niedergang der mittelalterlichen Ordnung. Erst der freie Markt der kapitalistischen Verkehrswirtschaft zerstört die einfache Lagerung der Gesellschaft. Mit einem Schlag verliert das Gefüge der Wirtschaft seine Übersichtlichkeit, die freien Produzenten und Lohnarbeiter stehen nicht mehr im Gesichtskreis sozialer Hierarchie. Zugleich werden die Grundlagen der sozialen Existenz verändert: Die Ruhe der feudalen Unterordnung weicht der Unsicherheit der bürgerlichen Freiheit.

Die wirtschaftliche Neuordnung hat die politische im Gefolge, und mit dem Zusammenbruch der Feudalverfassung und dem Einzug des Kapitalismus endet zunächst die Übersehbarkeit des sozialen Geschehens. Sie wiederherzustellen, wird Aufgabe der vielfältig sich entwickelnden Sozialwissenschaften, vor allem der Statistik und der ihr eng verbundenen Soziographie.

Eine neue Ordnung

Beinahe auf den Tag, an dem der europäische Feudalismus seine erste politische Niederlage erleidet, entsteht die erste soziographische Untersuchung. Im Jahre 1641, nach dem

Sieg Henry Cromwells über die Aufständischen, soll irländischer Boden der englischen Armee zur Besiedlung übergeben werden. Militärs und Beamte erhalten den Auftrag, einen Bericht über die wirtschaftliche und soziale Struktur Irlands zu verfassen, der als Grundlage der Siedlungsaktion dienen soll. Leiter der Erhebungen ist das nachmals hochberühmte Mitglied der königlichen Akademie, Sir William Petty, Arzt, technischer Erfinder und zwischendurch der Begründer der wissenschaftlichen Nationalökonomie, der Statistik und, als Verfasser des Down-Surveys, auch der Soziographie. Später, nach mehrjährigem Aufenthalt in Irland, hat dieser große Schüler des philosophischen Empirismus eine soziographische Schrift verfaßt, die in vielfacher Hinsicht bemerkenswert ist: *The Political Anatomy of Irland*[1].

Die politische Anatomie enthält Angaben über Art und Umfang des Bodens, über den Stand der Bewirtschaftung, über Währung, Handel und Leute, ihre Kleidung, ihre Nahrung, wobei in erster Linie eine für die damalige Zeit souveräne Verwendung statistischer Methoden auffällt, die gelegentlich zu Resultaten geführt wird, die erst viel später wieder Beachtung finden. So, wenn berichtet wird, daß die irischen Bauern zwei Drittel ihres Nahrungsmittelbudgets für Tabak ausgeben, womit die soziographische Bedeutung der Konsumquoten früh erkannt ist.

Das Bemerkenswerteste an diesem Survey ist die erstaunliche Einsicht des Verfassers in die Tragweite derartiger Untersuchungen. In der Vorrede wird eine Stelle aus Bacons *Advancement of Learning* angeführt, in der von der menschlichen und der sozialen Anatomie die Rede ist, und von der Kunst, den menschlichen und den sozialen Körper gesund zu erhalten. Die Praxis einer Politik, die keine Kenntnisse der sozialen Anatomie besitzt, wird mit den Kurpfuschereien eines alten Weibes verglichen. Der Sinn der Soziographie ist niemals klarer erkannt worden.

Die erste soziographische Untersuchung entstand also in unmittelbarem Zusammenhang mit einem sozialen Organisationsproblem: der Besiedlung. Und da diese Untersuchung in eine Zeit geistiger Aufgeschlossenheit sondergleichen fiel, war sie ein Anfang, der ein gut Teil der Vollendung vorwegnahm.

Die sozialwissenschaftlichen Abhandlungen, die in den der Revolution folgenden Jahrzehnten in England erscheinen, beschäftigen sich nur gelegentlich mit soziographischen Fragen im engeren Wortsinn, sie behandeln vorwiegend Probleme der Wirtschaftspolitik und der ökonomischen Theorie. Erst die Nöte der englischen Landwirtschaft, die in der zweiten Hälfte des 18. Jahrhunderts in den Mittelpunkt des Interesses rücken, führen zu einer Reihe konkreter Untersuchungen über die Lage der britischen Bauern und Landarbeiter.

Die Schriften Arthur Youngs (d. Ä.)[2] sind freilich eher wirtschafts- und sozialpolitische Reisefeuilletons zu nennen, doch enthalten sie eine Fülle selbständiger systematischer Beobachtungen und zum Teil auch präzisere Angaben, wie Haushaltsbudgets u. dgl.

Von Bedeutung ist eine Untersuchung über die Lage der Landarbeiter, die von David Davies, Rektor von Barkham, durchgeführt wurde. Es ist dies die erste systematische Enquete über das Budget der arbeitenden Klassen[3]. Zugleich wird hier erstmals ein wichtiges Requisit moderner Soziographie, nämlich eine Art Fragebogen, verwendet. Davies nahm im Jahre 1787 selbst einige Budgets auf und schickte sie als Muster an geeignete Personen, mit der Bitte um ähnliche Daten.

Nach dem Daviesschen Fragebogen hat dann auch Arthur Young (d. J.) die Haushaltsbudgets von sechs Familien aufgezeichnet[4]. Einen weiteren Fortschritt der Erhebungsmethoden bedeutet Sir Frederic Morton Edens Untersuchung über die Lage der Armen[5]. Eden verwendete, wie er selbst berichtet, neben eigenen Beobachtungen »eine sehr zuverlässige und intelligente Person, die mehr als ein Jahr damit zubrachte, von Ort zu Ort zu reisen, eigens zu dem Zweck, exakte Informationen nach einem Fragebogen, der ihr mitgegeben wurde, einzuziehen.«

Um diese Zeit, in der das rasche Ansteigen der Armensteuer auch die Aufmerksamkeit des Parlaments erregt, erscheinen auch die ersten regelmäßigen Berichte privater Wohlfahrtsorganisationen[6], wobei als Folge der fortschreitenden Entwicklung der Manufaktur das Hauptgewicht der Untersuchungen von den Landarbeitern auf das städtische Proletariat übergeht. Alle diese Berichte leiden jedoch an dem Mangel ausreichender Systematik und objektiver Kontrolle.

Einen wirklichen Höhepunkt erreicht die Methodik der Erhebungen erst in den berühmten sozialpolitischen Enqueten des britischen Parlaments, das nach alter Übung für seine Gesetzgebung Berichte von Sonderausschüssen einholte. Die ganze Rekonstruktionsperiode nach den Napoleonischen Kriegen und die darauf folgende Ära der Fabrikgesetzgebung ist von solchen Enqueten begleitet[7], zu denen noch die seit 1835 regelmäßig erscheinenden Halbjahrsberichte der Fabriksinspektoren kamen.

Die Technik dieser Enqueten ist vielfältig und in manchem von ungewöhnlicher Kühnheit gewesen. Den königlichen Kommissionen gehörten – zum Unterschied von den Parlamentsausschüssen, die in minder wichtigen Fällen eingesetzt wurden – regelmäßig neben Abgeordneten auch Interessentenvertreter an. Das Schwergewicht des Verfahrens lag in der mündlichen Einvernahme von Zeugen und Auskunftspersonen im Kreuzverhör, denen nötigenfalls Widersprüche zu anderen Aussagen vorgehalten wurden. Die besondere Schlagkraft dieser Enqueten lag in der vollen Öffentlichkeit des Verfahrens. Die Verhandlungsberichte wurden von der Presse Tag für Tag veröffentlicht und erreichten so eine ungewöhnliche Publizität. Ergänzt wurden die Einvernehmungen durch Gruppenbefragungen und Diskussionen (»Meetings«), schriftliche Berichte von Ärzten und Inspektoren, durch Fragebogen und vor allem sehr häufig durch Erhebungen der Kommission oder von ihr speziell Beauftragten an Ort und Stelle. Der Umfang dieser Erhebungen erhellt aus einer Zusammenstellung, die der Bericht der Kommission *On Labour* (1893-97) gibt: Die Arbeiten der Kommission dauerten 3 Jahre, sie tagte in 182 Sitzungen. Insgesamt wurden 583 Zeugen vernommen und 97 336 Fragen gestellt. Daneben wurden 5350 Fragebogen ausgeschickt, von denen 2100 zurückkamen.

Die Großzügigkeit und Lebendigkeit der Erhebungsmethoden ermöglichte von vornherein eine umfassende Darstellung der erörterten Probleme. Darüber hinaus aber ist es bemerkenswert, wie bei den Untersuchungen über die Lebensweise einer Bevölkerungsschicht nicht ausschließlich ihr materieller Standard beschrieben wird, sondern auch ihr moralischer und intellektueller Zustand Gegenstand systematischer Betrachtung wird. Der Kreis der soziographisch relevanten Merkmale erfährt so eine grundsätzliche Erweiterung. Man lese etwa das folgende Gespräch mit einem

Untersuchungskommissar aus dem Bericht über Kinderarbeit.[8]

Jeremias Haynes, 12 Jahre alt: »... viermal vier ist acht, aber vier Vierer (4 fours) sind 16... Ein König ist der, dem alles Geld und Gold gehört. Wir haben einen König, man sagt, er sei eine Königin, sie nennen sie Prinzessin Alexandra... Eine Prinzessin ist ein Mann.« – William Turner, 12 Jahre: »Lebe nicht in England. Denke, es gibt solch ein Land, wußte nichts davon zuvor.« – Edward Taylor, 15 Jahre: »Weiß nichts von London.« – »Der Teufel ist eine gute Person. Ich weiß nicht, wo er lebt. Christus war ein schlechter Kerl«.[9]

Diese Art der Gesprächsführung ist ohne Zweifel eine Vorwegnahme des modernen Testverfahrens.

Das Material eines Teils dieser Enqueten, aber auch eigene Beobachtungen, Zeitungsberichte usw. haben den Grundstoff für die bekannte Schrift Friedrich Engels' *Die Lage der arbeitenden Klassen in England*[10] beigestellt. Ihre große Bedeutung liegt nicht in der Originalität der Erhebungsmethoden oder des Materials, sondern in der Art der Verarbeitung. Denn hier wird zum erstenmal der Versuch unternommen, die einzelnen Merkmale nach einer bestimmten soziologischen Problemstellung zu ordnen, im vorliegenden Fall nach der des Klassenkampfs. Darin liegt die Eigenart dieses Werkes, dessen politische Wirkung ungewöhnlich groß war.[11]

Zwischen 1886 und 1900 entstehen dann zwei weitere Privatarbeiten von hohem Rang: Der achtbändige Survey *Live and Labour of the People in London* von Charles Booth[12] und eine nach diesem Muster von B. Seebohm Rowntree durchgeführte, weniger umfangreiche Paralleluntersuchung in der Stadt York: *Poverty, a Study in Town Life.* In der Londoner Erhebung wurde durch Hausbesuche, Fragebogen usw. mit einem großen Stab von Schulinspektoren, Wohlfahrtsbeamten und freiwilligen Mitarbeitern der Lebensstandard der unteren Volksklassen erhoben. Indem man die Bevölkerung von den »sehr armen« hinauf über die »armen« in mehrere Lebenshaltungsklassen einteilte, wurde ein durch ein ausführliches Karten- und Tabellenwerk erläutertes Bild von der Verbreitung der Armut und von ihren äußeren Erscheinungsformen gewonnen. Die Bedeutung dieser Erhebung liegt darin, daß sie die umfangreichste Privatarbeit ihrer Art ist und als erste Untersuchung ein sehr detailliertes und exaktes Gesamtbild von einem örtlich ausgedehnten Bereich gibt.

An der Yorker Untersuchung ist methodisch bemerkenswert, daß sie durch Analyse der Familienbeschreibung zwischen »primärer« und »sekundärer Armut« unterscheidet. Die erste beruht auf der objektiven Unterschreitung der Minimal-Einkommensgrenze. Bei der sekundären Armut jedoch ist diese Grenze noch nicht erreicht: lediglich subjektive, in der Art der Haushaltführung liegende Faktoren führen durch unrationelles Wirtschaften zu den Wirkungen der Armut. Der methodische Fortschritt liegt hier darin, daß zum Zwecke der präziseren Beschreibung eigene, dem Material adäquate Merkmale als Begriffe konstituiert werden.

Von demselben Verfasser stammt auch die erste systematische Soziographie über Arbeitslosigkeit.[13] In den Tagen vom 7.-9. Juni 1910 besuchten 60 Erhebungsorgane alle Arbeiterhäuser Yorks, um für diese Stichtage eine Statistik der Arbeitslosen zu bekommen. In den darauf folgenden Monaten wurde dann mit jedem dieser Arbeitslosen neben anderen Daten auch eine kurze Biographie aufgenommen. Das Hauptgewicht der Darstellung liegt auf einer Angabe der mutmaßlichen Gründe der Arbeitslosigkeit.

Der hohe allgemeine Entwicklungsgrad, den die Soziographie in diesem klassischen Land der Statistik erreicht hat, zeigt sich in folgendem: Von zwei großen Untersuchungen hat man nach Ablauf einiger Jahre, teilweise nach demselben Schema, Paralleluntersuchungen durchgeführt. Dadurch war eine unmittelbare Vergleichsmöglichkeit für verschiedene Zeitpunkte gegeben. Im Jahre 1915 veröffentlichte der berühmte Statistiker Bowley einen Survey über vier englische Städte.[13a] Zehn Jahre später wurde die Paralleluntersuchung unter dem auf den Vergleich hindeutenden Titel *Hat sich die Armut verringert?* publiziert.[14] Und eben jetzt sind die ersten Bände des *Neuen Survey von London* erschienen.[15]

Die Quantifizierung

Die grundsätzliche Möglichkeit der Messung des gesamten menschlichen Verhaltens hat als erster Adolphe Quêtelet klar formuliert.[16] In seiner *Physique Sociale* heißt es:

»Mit den moralischen Fähigkeiten steht es . . . ungefähr ebenso wie mit den physischen, und man kann sie unter der Voraussetzung schätzen, daß sie im Verhältnis zu ihren Wirkungen stehen.«[17] Und weiter: »Auch kann man sagen, ein Mensch sei mutiger als ein anderer. Dieses Urteil gründet sich darauf, daß man die beiden Individuen in ihren Handlungen beobachtet hat und danach schätzt . . . Nehmen wir . . . an, man zählte jedes Jahr bei dem einen fast regelmäßig 500 mutige Handlungen und bei dem andern nur 300 . . .«[18]

An anderer Stelle spricht Quêtelet von der Möglichkeit, das Gedächtnis zu messen »sowohl in Beziehung auf die Leichtigkeit, etwas aufzufassen, als auf die Fähigkeit, es zu behalten«.[19] Auch ist von der Messung der Wahrheitsliebe und von dem »Grad der Voraussicht in verschiedenen Lebensaltern« die Rede, den man aus den Daten der Versicherungsgesellschaften und der Sparkassen ablesen könne.[20]

Mit diesen grundsätzlichen Formulierungen und mit der tatsächlichen Messung von sog. psychischen Tatbeständen, die Quêtelet durchgeführt hat, war der Soziographie ein neues Gebiet sozialen Geschehens zugänglich gemacht; denn durch die Meßbarkeit menschlichen Verhaltens war zugleich die Möglichkeit gegeben, Ursachen dieses Verhaltens durch Feststellung statistischer Abhängigkeiten darzulegen, d. h. statistische Gesetzmäßigkeiten aufzudecken.

Schon der Zeitgenosse Pettys, John Gaunt, konnte zahlenmäßige Gesetzmäßigkeiten im Bereich des sozialen Geschehens nachweisen, indem er an den Ziffern der Londoner Sterbetafeln auffallende, immer wiederkehrende Regelmäßigkeiten feststellte.[21] In Deutschland hat dann etwa ein Jahrhundert später der Berliner Feldprediger Süßmilch eine ähnliche Untersuchung über die Gesetze der Bevölkerungsbewegung gemacht. Zur Bevölkerungsstatistik, die die Grundlage des Versicherungswesens bildete, kam dann als zweites Gebiet sozialen Geschehens, an dem man zahlenmäßige Regelmäßigkeiten nachwies, die Kriminalstatistik hinzu.

Erst im Anschluß an die Fortschritte, die Astronomie und Mathematik – insbesondere die Theorie der Wahrscheinlichkeit – in Frankreich gemacht hat (Laplace, Bernoulli, Fourier), wird der Gedanke einer durchgängigen quantitativen Gesetzmäßigkeit des sozialen Geschehens entwickelt.

In Analogie zu Laplaces Mechanik des Himmels[22], der Astronomie, entsteht der Begriff der »mécanique sociale«. Der so entwickelte Gedanke einer durchgängigen sozialen Gesetzmäßigkeit erhält später in Comtes positivistischer Soziologie seine breite empirische Basis, wenngleich Comte selbst auf die Quantifizierung der sozialen Gesetze kein Gewicht legt. Es war Quêtelet, der den großangelegten Versuch unternahm, die durch die Entwicklung der Wahrscheinlichkeitstheorie wesentlich bereicherte Statistik systematisch auf das gesamte menschliche Verhalten anzuwenden.

Quêtelet war ursprünglich Astronom und Meteorologe. Eine seiner ersten Schriften handelte von der Wahrscheinlichkeitstheorie (*Instructions sur la possibilité,* Brüssel 1828), und sein berühmtes Standardwerk, die *Physique Sociale* (Brüssel 1835), verrät schon in der Anlage, daß das methodische Anwendungsproblem der Statistik auf soziale Phänomene im Vordergrund steht, wenngleich immer wieder auch das unmittelbare Interesse an der sozialen Problematik selbst sichtbar wird.

Das Kapitel, das »Vom Menschen, seiner Entwicklung und seinen Fähigkeiten« handelt, knüpft an die Ereignisse der Kriminalistik mit der berühmten Feststellung an, die die quantitative Gesetzmäßigkeit sozialen Geschehens evident machen sollte: »Es gibt ein Budget, das mit schauerlicher Regelmäßigkeit bezahlt wird; das der Gefängnisse, Galeeren und Schafotte.«[23] Von da ausgehend werden subtilere Gesetzmäßigkeiten über die Chance der Verurteilung von Angeklagten je nach Alter, Herkunft usw. dargestellt; weiterhin Zusammenhänge anthropologischer Daten, aber auch beispielsweise Beziehungen von Produktivität und Alter der Autoren an der Comédie française, um so den Gesetzen des komischen und tragischen Talents auf die Spur zu kommen.

Quêtelet versuchte, derartige statistische Zusammenhänge auch graphisch darzustellen, indem er in Landkarten von Frankreich und Belgien die Dichtigkeit der Schulbildung und der begangenen Verbrechen einzeichnete und damit ihren Zusammenhang augenfällig machte. Diese Karten sind also Vorläufer der später vor allem in den Vereinigten Staaten entwickelten »Spot maps«.

Quêtelet ist also der eigentliche Begründer der langen Reihe von Untersuchungen geworden, die unter dem Titel Moralstatistik abgehandelt werden. Es ist jedoch ein hervorstechendes Merkmal der traditionellen Moralstatistik, daß sie keineswegs bestimmte Problemstellungen in bezug auf die moralische Haltung der zu untersuchenden Bevölkerungsschicht hat, sondern daß sie ausgeht von Daten, die die Verwaltungsstatistik nebenbei abwirft (Verbrechen, Ehescheidungen, uneheliche Kinder, Schulbesuch), und sie sehr wenig methodisch aneinanderreiht; damit versucht sie einen nicht präzisierten, allgemeinen »moralischen Standard« zu charakterisieren. Den problematischen Erkenntniswert dieser Art von Moralstatistik hat neuerdings Robert Michels in seiner Schrift *Sittlichkeit in Ziffern?* dargestellt.[24] Quêtelet selbst hatte auch die Durchführung selbständiger Erhebungen im Auge, die bestimmte moralische Verhaltensweisen, wie z. B. Mut oder Gedächtnis, statistisch beschreiben sollen und zu diesem Zweck auch Spezialdaten für eben diese Fragen erforderten.

Der Italiener Alfredo Niceforo hat versucht, in die Moralstatistik Ordnung zu bringen, indem er dem Zusammenhang der einzelnen Merkmale des moralischen und kulturellen Standards im System einer »sozialen Symptomlehre« Rechnung trug; diese soll es ermöglichen, aus den Merkmalen diejenigen auszuwählen, die für ein bestimmtes Problem charakteristisch sind. Niceforo hat auch selbst eine Reihe kulturstatistischer Untersuchungen durchgeführt. Eine der ersten war *Italiani del Nord e Italiani del Sud* (Turin 1901), eine Studie, die den außerordentlichen kulturellen Gegensatz zwischen der Bevölkerung Oberitaliens und den Bauern im Süden des Landes darstellt. Sein methodologisches Hauptwerk ist *La méthode statistique et ses applications aux sciences naturelles, aux sciences sociales et à l'art* (Paris 1925). Niceforo benutzt schon die in der Biologie erstmals verwendete Korrelationsmethode, die, an die Arbeiten Quêtelets anknüpfend, der neueren, »quantifizierenden« Soziographie ihr Gepräge verleiht.

Aber die Problemstellung Quêtelets und in einem bestimmten Sinn auch die Symptomlehre Niceforos sind für eine adäquate Beschreibung sozialpsychologischer Vorgänge noch nicht völlig zureichend. Die Auswahl der Merkmale, die zur Verfügung stehen, ist zufällig und lückenhaft; die Merkmale selbst sind, da sie zumeist Abfallprodukte der

Verwaltungsstatistik sind, zu grob und deshalb auch bei sorgfältigerer Verwendung nicht zulänglich. Erst der Gedanke, in eigens vorzunehmenden Erhebungen zunächst alle erreichbaren Detailmerkmale als Inventar aufzuzeichnen, bringt, wie wir zeigen werden, das Problem seiner Lösung näher.

Das Inventar

Dieser Gedanke des Inventars stammt von Frédéric Le Play, einem Repräsentanten jenes anderen Frankreich, dessen bäuerliche und kleinbürgerliche Welt zwar im Mittelpunkt der sozialen Umwälzungen gestanden hatte, aber nur wenig berührt wurde von der Entwicklung der französischen Wissenschaft.

Le Play wurde 1806 als Sohn eines Zollkontrolleurs in einem armen Fischerdorf geboren, und obwohl er später ein in aller Welt berühmter Mann wurde, behielt er lebenslang eine Abneigung gegen die Großstadt und suchte immer wieder unmittelbaren Kontakt mit der Landbevölkerung, der er entstammte. Von seinem 23. Lebensjahr an machte er mit Freunden weite Reisen durch fast alle Länder des Kontinents, hielt sich gelegentlich lange Zeit bei der Familie eines französischen Bauern oder bei einem Köhler in den Kärntner Bergen auf und protokollierte sorgfältig alle Vorgänge im Haushalt.

Im Jahre 1855 veröffentliche Le Play als erstes Ergebnis seiner 15jährigen Reisen unter dem Titel *Les Ouvriers Européens* 36 Familienmonographien besonderer Art. Nach einer kurzen Charakteristik der Familienmitglieder nach Alter, Beschäftigung und Stellung im Haushalt und dem Versuch, die Beziehungen der Eltern zu den Kindern sowie überhaupt die moralischen und sittlichen Verhältnisse zu charakterisieren, folgt im Rahmen eines für alle Monographien einheitlichen Schemas eine vollständige Übersicht über das Jahresbudget dieser Familie; wobei jedoch nicht etwa nur Geldumsätze, sondern ausnahmslos alle Leistungen und Nutzungen, also auch die Abnutzung des fixen Inventars, berücksichtigt werden; jeder Posten wurde mit großer Genauigkeit in Geld umgerechnet, so daß beispielsweise auch das Budget einer fast völlig in Naturalwirtschaft lebenden Baschkirenfamilie dargestellt werden konnte.

»Das Budget ist der Schlüssel, der alle Türen ... zum Leben der Familie öffnet ..., denn alle Vorgänge, die das Leben einer Arbeiterfamilie bilden, erscheinen mehr oder weniger direkt als Einnahme oder Ausgabe.«[25]

Diese Monographien und die einige Jahre später unter dem Titel *Les Ouvriers des Deux Mondes* publizierten sollten die wissenschaftliche Grundlage der sozialkonservativen Reformpläne Le Plays bilden. In der Vorrede zu den *Ouvriers Européens* berichtet er, wie unter dem unmittelbaren Eindruck der Julirevolution der Wunsch entstand, mitzuhelfen an der Wiederherstellung des sozialen Friedens, dessen entscheidender Stützpunkt für Le Play die Familie war; ihren gefährdeten Bestand zu sichern, war sein vornehmstes Bemühen. In stets betontem Gegensatz zu den statistischen Enqueten der Behörden sollten seine Untersuchungen die wahren Grundlagen der Familie und damit des sozialen Friedens darstellen.

Aber die Bedeutung dieser Monographien liegt nur zum geringen Teil in ihrem sachlichen Ertrag. Die Auswahl »typischer« Familien, durch die er die Notwendigkeit der Statistik umgehen wollte, ist ihm nicht gelungen. Daher sind die Schlüsse, die er aus seinem Material zieht, weitgehend unrichtig. Seine sozialkonservative Abneigung gegen die große Industrie ließ ihn beispielsweise die Verhältnisse in der Hausindustrie zu optimistisch sehen.[26] Auch die soziographische Bedeutung der Budgetziffern war schon vorher erkannt worden, und Le Plays Zusammenfassung der Budgetposten war z. T. recht ungelenk und dogmatisch; so, wenn er peinlich zwischen Einkommen aus dem »Gebrauch« und dem »Fruchtgenuß« unterschied und damit formale, juristische Kategorien anwendete.[27]
–Die außerordentliche Wirkung der Le Playschen Arbeiten rührt von einer anderen Leistung her. Le Play hat als erster die Bedeutung des ausführlichen Inventars, des Details, für die Soziographie erkannt. Neben den Zahlenreihen der offiziellen Enqueten wirkten die Le Playschen Monographien wie ein unmittelbares Abbild des Lebens selbst. Erfuhr man doch aufs genaueste Art und Zahl der Schlafstellen, der Bettpolster, des Kochgeschirrs und was es sonst an Hausrat gab. Beispielsweise der Ausgabeposten im sonntäglichen Budget der Familie eines Wiener Zimmermanns: »raisins pour le kougelhoupf«[28] deutet sehr lebendig die besondere

Art der Sonntagsstimmung an.

Entscheidend war auch die neue Art, in der Le Play das Material für die Familien-Monographien sammelte; sie hängt mit seiner Liebe zum Detail, zum ausführlichen Inventar eng zusammen. Die bescheidene Einordnung des Beobachters in das Untersuchungsfeld, die peinliche Genauigkeit in der Protokollierung aller Vorgänge, die Forderung nach möglichst umfassendem Quellenmaterial gehören seither zum ehernen Bestand der Soziographie.

Die zahlreichen begeisterten Schüler, die Le Play in Frankreich fand, erwiesen sich jedoch als bloße Epigonen. Die Arbeit drohte im dogmatischen Festhalten am einheitlichen »Cadre« der Budgets und in der Ablehnung aller anderen soziographischen Methoden, also insbesondere der Statistik, zu erstarren.

Nicht zu seinen persönlichen Schülern, wohl aber zu den bedeutenderen unmittelbaren Fortsetzern des Le Playschen Werkes gehört der liebenswürdige Frankfurter Sozialstatistiker Gottlieb von Schnapper-Arndt. *Nährikele* ist einer der reizvollsten monographischen Versuche.[29] Von wirklicher Bedeutung ist jedoch seine Schrift *Fünf Dorfgemeinden auf dem hohen Taunus*[30], in der die Le Playschen Methoden vielfach weitergeführt werden. Zunächst durch eine unmittelbare Korrektur am Schema der Inventar-Budgetierung, aber vor allem, weil hier in großzügiger Weise das Detail eingebaut wird in eine exakte Darstellung der sozialen Gesamtsituation.

Aber die entscheidende Fortführung des Le Playschen Werkes kam von einer Seite, von der er sie am wenigsten erwartet hätte – von der Statistik; denn Le Play wollte durch die Monographie, durch das anschauliche Detail, die »toten Zahlenreihen«, statistischer Erhebungen durch das lebendige Inventar ersetzen. Die Synthese der Statistik mit dem Inventar hat Le Play selbst nicht gesehen. Es war der deutsche Statistiker Ernst Engel, der an dem Le Playschen Material sein berühmtes Budgetgesetz darlegte. Er hat damit auf einem Teilgebiet der Soziographie die erste Brücke vom monographischen Inventar zur Statistik geschlagen und die Lösung vorgezeichnet für den Konflikt, der sich in so seltsamer Weise in den beiden Repräsentanten französischen Geistes manifestierte: in dem gelehrten Quêtelet und in Le Play, der dem Boden des bäuerlichen und kleinbürgerlichen Frankreichs stets verbunden blieb.

Das Engelsche Gesetz

Wir wollen nunmehr den Fortschritt der Soziographie, der sich zunächst auf dem Teilgebiet der Budgetanalyse vollzieht, näher verfolgen. Im Jahre 1853 tagte unter dem Vorsitz Quêtelets der erste internationale Kongreß für Statistik. Nach einem Referat des Belgiers Ducpétiaux wurde eine Resolution angenommen, wonach in jedem Land die Mittel aufzubringen seien, »um den wirtschaftlichen Haushalt der Arbeiter zu ergründen«. Es sollten aus den einzelnen Landesteilen drei Normalfamilien verschiedener sozialer Schichtung (dürftig – mittel – wohlhabend) ausgewählt und so ein reichhaltiges Vergleichsmaterial beschafft werden.[31] Im Anschluß an diesen Kongreß wurde von den belgischen Provinzialkommissionen eine Reihe von Arbeiterbudgets gesammelt und von Ducpétiaux mit verbindendem Text publiziert.[32] Ihr Ergebnis waren allgemeine Erkenntnisse beschreibender Art über den Standard der Arbeiter und im einzelnen über die Rolle, die verschiedene Institutionen wie Leihanstalten, Wirtshäuser usw. im Leben der Arbeiter spielen. Etwa zur gleichen Zeit waren, unabhängig davon, Le Plays *Ouvriers Européens* erschienen.

Ernst Engel hat nun in seiner Schrift *Die Produktion und Konsumtionsverhältnisse des Königreichs Sachsen*[33] die in den beiden Arbeiten zusammengestellten Budgets verarbeitet und leitete aus ihnen sein berühmtes Budgetgesetz ab, wonach die Einkommensquote, die eine Familie für ihre Ernährung ausgibt, um so höher wird, je kleiner das Gesamtbudget ist; damit wird diese Quote selbst zum einfachsten Index für die Lebenshaltung einer Familie.

Durch dieses Inbeziehungsetzen der einzelnen Ausgabeposten zueinander und zum Gesamtbudget sind wichtige Spezialmerkmale zur Charakteristik der Lebenshaltung gewonnen, die erst den systematischen Aufbau der Haushaltsstatistik ermöglichten. Laspeyres und Schwabe setzten die Engelschen Untersuchungen fort, indem sie weitere derartige Budgetgesetze ableiteten.

Aber indem Engel die einzelnen Posten des Budgets nur nach groben Ausgabengruppen (Nahrung, Kleidung usw.) und nach ihrer Höhe zusammenfaßte, hat er nicht alle Möglichkeiten statistischer Verwertung des Budgets erschöpft. Er selbst hat seine Verarbeitung der Le Playschen Monographien als »Fassaden von Perlen ohne Schnur« bezeichnet. Er hätte hinzufügen können, daß die Perlen hierdurch ein wenig von dem verloren haben, was ihren eigentlichen Wert ausmachte, von ihrem Glanz, von der lebendigen Anschaulichkeit des Details.

Erst Caroll D. Wright, der Leiter des Bureau of Labor im Staate Massachusetts, kam hier einen Schritt weiter. Er führte, durch die Engelschen Arbeiten angeregt, eine großangelegte Haushaltserhebung bei 357 Arbeiterfamilien durch[34]: Indem er den Haushaltsziffern kurze Beschreibungen der Familiensituation in der Art Le Plays beifügte, verlieh er seiner Statistik ungewöhnliche Lebendigkeit. Im Budget selbst wird den einzelnen Posten nicht immer nur nach ihrer Höhe Bedeutung zugemessen, sondern auch nach ihrem Stimmungswert. So gibt es Tabellen über die Art der Mahlzeiten, die Zahl der Teppiche, Klaviere usw. Es ist die erste statistische Massenerhebung, die den Le Playschen Gedanken von der Bedeutung des lebensnahen Details berücksichtigt.

So wurde durch Engel und Wirght, wenngleich auf dem beschränkten Gebiet der Budgetanalyse, eine Synthese grundsätzlicher Art zwischen dem Detailinventar und der Statistik gefunden.

Die Budgetanalyse selbst hat in den letzten Jahren vor allem durch Arbeiten in den Vereinigten Staaten außerordentliche Fortschritte gemacht. Durch Anwendung der Trendrechnung und des Korrelationsverfahrens wurde zunächst an Farmerbudgets, indem man den Einfluß von geographischer Lage, Alter usw. auf die Führung des Haushalts ermittelte, eine Reihe neuer Gesichtspunkte für die soziologische Analyse der Haushalte gewonnen.

So fand beispielsweise C. C. Zimmermann[35], daß die Art der Ausgaben für sog. geistige und moralische Bedürfnisse ungleich stärkeren Variationen unterworfen ist als die Ausgaben für physische Bedürfnisse. Die Korrelation dieser beiden Budgetgruppen mit einer Reihe von unabhängigen Variablen, die für die betreffende Familie charakteristisch sind, betrug bei den physischen Bedürfnissen 0,67, im anderen Falle bloß 0,18. Da die Ausgaben für die zweite Gruppe allgemein um so größer sind, je höher die Lebenshaltung ist, ergibt sich hier möglicherweise eine allgemeine Gesetzmäßigkeit über die Abhängigkeit der Variationsbreite vom Lebensstandard.

Derartige Untersuchungen erweitern die Analyse des Budgets, indem sie die einzelnen Ausgabengruppen nicht nur zum Gesamtbudget, also zur Höhe des Standards, in Beziehung setzen, sondern darüber hinaus gesetzmäßige Zusammenhänge mit der konkreten Situation der untersuchten Familien feststellen wollen.

Eine wichtige Erweiterung hat die Budgetforschung durch die physiologische Ernährungsstatistik erfahren, die insbesondere dort, wo die Höhe der Lebenshaltung an das Existenzminimum streift, außerordentliche Bedeutung hat.[36]

Wir haben die Entwicklung der Budgetstatistik etwas ausführlicher dargestellt, weil ihr in der Reihe der soziographischen Methoden überragende Bedeutung zufällt. Die Haushaltsziffern sind weitaus der zuverlässigste Index für die Höhe der materiellen Lebenshaltung, sie sind zudem verhältnismäßig leicht zu beschaffen und ihre Ergebnisse in verschiedenen Untersuchungsgebieten miteinander gut vergleichbar. Da für die Gesamthaltung einer Familie ihr materieller Standard immer eine entscheidende Rolle spielen wird, ist diese Vormachtstellung der Haushaltsstatistik durchaus gerechtfertigt.

Freilich, die Meinung Le Plays, das Budget sei der Ausdruck schlechthin aller Vorgänge innerhalb der Familie, hat sich als irrig erwiesen, selbst wenn man davon absieht, daß die Erfassung gewisser Budgetposten, die nicht einbekannt werden wollen, auf unüberwindliche Schwierigkeiten stößt. Denn entscheidend bleibt, daß wesentliche Vorgänge – man denke z. B. an die Art der Kindererziehung – in den Ziffern des Budgets nicht aufscheinen können. Wenngleich das Budget oft bedeutsame Anhaltspunkte für die Beurteilung der seelischen Haltung einer Familie geben mag: im wesentlichen muß es sich als Ausdruck des materiellen Standards bescheiden, der – um zum Gesamtbild zu gelangen – der Ergänzung durch andere soziographische Methoden bedarf.

Wir haben an dem historisch wichtigen Beispiel der Budgetanalyse zu zeigen versucht, wie der Fortschritt der Soziographie in der Verbindung der Statistik mit dem Inventar der Merkmale liegt. Aber die Budgetanalyse verhüllt, durch ihren relativ eng bestimmten Rahmen, eine grundsätzliche Schwierigkeit, die sich aus der umfassenden

Inventaraufnahme ergibt, denn die Notwendigkeit, aus der großen Zahl der Merkmale nunmehr die relevanten auszuwählen, ist ein Problem, das – solange man lediglich über einige wenige Datenreihen der Verwaltungsstatistik verfügt – nicht bestand.[37] Wir werden im folgenden Abschnitt zeigen, wie in einer großen Erhebung des Vereins für Sozialpolitik die grundsätzliche Lösung dieses Problems – vorbereitet durch die methodologischen Untersuchungen der deutschen Soziologie, insbesondere durch Max Weber – angedeutet wurde.

Der Verein für Sozialpolitik

Im Deutschen Reich wurden neben den Arbeiten der allgemeinen Verwaltungsstatistik von sehr verschiedenen Stellen soziographische Untersuchungen durchgeführt, die sich, meist an aktuelle soziale Schwierigkeiten anknüpfend, mit der Lage einer ganz bestimmten Bevölkerungsschicht befassen.

Eine der ersten Erhebungen dieser Art war die Enquete über die ländliche Arbeiterfrage, die vom Landesökonomie-Kollegium Preußens im Jahre 1848 durchgeführt wurde.

Die Technik dieser Erhebung war primitiv. Man versandte Fragebogen an die Vorstände landwirtschaftlicher Vereine und publizierte die einlaufenden Antworten, ohne sie einer systematischen Bearbeitung zu unterziehen. Die unkontrollierte Einseitigkeit des Erhebungsvorganges führte denn auch zu Berichten folgender Art: »Die Aufhebung der körperlichen Züchtigung ... begünstigt den Hang zur Dieberei« oder: »Abhilfe ... erwarte man ..., wenn Arbeitsscheue ... mit Gewalt zur Arbeit gezwungen würden.«[38]

Es werden dann in den folgenden Jahren weitere Erhebungen über die Lebenslage sozialer Gruppen von amtlichen und halbamtlichen Stellen durchgeführt, bis im Jahre 1872 der Verein für Sozialpolitik gegründet wird, der mit seinen regelmäßigen Publikationen auf lange Jahre hinaus der Mittelpunkt aller Erhebungstätigkeit und vor allem der Erörterung der hierbei auftauchenden methodischen Probleme wird.

Bevor der Verein, dem die hervorragendsten deutschen

Sozialwissenschaftler und Statistiker angehörten, Erhebungen größeren Stils selbst durchführte, ließ er in einem Spezialband über die in anderen Ländern, insbesondere in England, angewandten Erhebungsmethoden berichten.[39] Trotzdem ist es in Deutschland erst viel später geglückt, die Großzügigkeit der britischen Enqueten zu erreichen. Offenbar waren die Erhebungsmethoden und auch die unbedenklichere Gewährleistung der Publizität auf den deutschen Verwaltungsapparat nicht ohne weiteres übertragbar.

In der Folge erschien auch eine Reihe von Erhebungen, die – angeregt durch die Tätigkeit des Vereins für Sozialpolitik – in den Seminaren der Universitäten durchgeführt wurden, insbesondere unter Leitung Schmollers in Berlin und Brentanos in München.

Die Erhebungen dieses Zeitabschnittes tragen, obwohl sie sich durchweg mit Problemen der Gegenwart befassen, durchaus das Gepräge der historischen Schule der deutschen Nationalökonomie. Die Verarbeitung des meist schriftlich, später auch durch Beobachtungen und Gespräche eingeholten Materials beschränkt sich auf die bloße Beschreibung (oft durch Verwendung einfacher statistischer Methoden), allenfalls werden Vergleiche nach verschiedenen Merkmalen durchgeführt. Fast niemals zielt die Arbeit auf die Feststellung von Abhängigkeiten oder Gesetzen; feinere statistische Methoden werden nicht verwendet. Die entscheidende Leistung dieser Untersuchung liegt, ganz wie die Bedeutung der eigentlichen Arbeiten der historischen Schule, in der Materialbeschaffung über Teilgebiete der Gesellschaft.

Bis zum Anfang der siebziger Jahre etwa zieht die Lage der Landarbeiter und Bauern das Hauptinteresse auf sich. Von da ab rückt in steigendem Maß das industrielle Proletariat in den Mittelpunkt der Diskussion: seine Probleme werden zur »Arbeiterfrage« schlechthin. Erst in einem späteren Zeitpunkt kommen dann Erhebungen über die Lage der Angestellten, vor allem der Handlungsgehilfen, hinzu.

Ein neuer Abschnitt der soziographischen Methode beginnt erst mit den ausgedehnten Untersuchungen des Vereins für Sozialpolitik *Über Auslese und Anpassung (Berufswahl und Berufsschicksal) der Arbeiter in den verschiedenen Zweigen der Großindustrie.*[40] Die Arbeit, deren geistige

Urheber und Leiter Alfred und Max Weber waren, besteht aus einer Reihe von Betriebs-Monographien, deren Material von verschiedenen Mitarbeitern, nach einer methodologischen Ableitung Max Webers[41], gesammelt und verarbeitet wurde. Ziel der Erhebung war, festzustellen:

»Einerseits, welche Einwirkungen die geschlossene Großindustrie auf persönliche Eigenart, berufliches Schicksal und außerberuflichen ›Lebensstil‹ ihrer Arbeiterschaft ausübt, welche physischen und psychischen Qualitäten sie in ihnen entwickelt und wie sich diese in der gesamten Lebensführung der Arbeiterschaft äußern und andererseits: inwieweit die Großindustrie ihrerseits in ihrer Entwicklungsfähigkeit und Entwicklungsrichtung an gegebene, durch ethische, soziale, kulturelle Provenienz, Tradition und Lebensbedingungen der Arbeiterschaft erzeugte Qualitäten derselben gebunden ist.«[42]

Das Grundmaterial wurde vorwiegend aus den Lohnlisten und Personalaufzeichnungen der betreffenden Betriebe und durch mündliche und schriftliche Befragung von Arbeitern und Betriebsleitern gewonnen. Durch Zusammenstellung der Arbeitsleistung nach Qualität und Umfang mit der Herkunft, dem Alter, dem Geschlecht und anderen Merkmalen der Arbeiter sowie durch Beobachtung des außerberuflichen Lebens dieser Menschen sollte die gestellte Aufgabe gelöst werden. Hier wird also – und das ist die erste und bedeutsamste methodische Eigenart dieser Erhebung – nicht ein beiläufig umschriebens Objekt, etwa: Die »Lage« einer bestimmten Arbeiterschicht, beschrieben, sondern Gegenstand der Untersuchung ist die Persönlichkeit des Arbeiters im Hinblick auf einen bestimmten Faktor seiner Umwelt: »Was für Menschen prägt die moderne Großindustrie kraft der ihr immanenten Eigenart, und welches berufliche (und damit indirekt auch: außerberufliche) Schicksal bereitet sie ihnen?«[43] Es werden also aus den vielen möglichen Daten, die über den Industriearbeiter zu gewinnen sind, diejenigen ausgewählt, die sich auf das gestellte Problem beziehen, und sie werden in einer Weise miteinander in Beziehung gesetzt, daß sich daraus eine Klärung eben dieses Problems ergibt. Damit ist die Schwierigkeit der »Auswahl der relevanten Merkmale«, auf die wir im vorhergehenden Abschnitt hingewiesen haben, grundsätzlich gelöst.

Die Frage nach dem Inhalt des zu stellenden Problems interessiert uns in diesem Zusammenhang nicht weiter. Es sei nur darauf hingewiesen, daß sich ihre Beantwortung für Max Weber – im Anschluß an Rickert und Windelband – aus der jeweils spezifischen Kulturbedeutung menschlichen Verhaltens ergab, wonach dann auch »Kultur- und d. h. Wertinteressen es sind, welche ... der rein empirisch-wissenschaftlichen Arbeit die Richtung weisen«.[44]

Innerhalb des gestellten Problembereichs jedoch – und das ist das zweite entscheidende Merkmal der angeführten Erhebung – ist die Tendenz zur möglichst vollständigen Beschreibung, zur Totalübersicht stark ausgeprägt. Das Gesamtverhalten, soweit es durch die Arbeit in der Großindustrie bestimmt ist, interessiert: Arbeitsleistung, Familienverhältnisse, Freizeit, Pläne und Wünsche, Arbeitsfreude, kurz der »Lebensstil« sind Gegenstand der Untersuchung.[45]

Dieses Betonen der subjektiven »psychologischen« Momente lag durchaus in der Linie der stark ethisierenden deutschen Sozialwissenschaft und vor allem des Vereins für Sozialpolitik. So befaßte sich eine der ersten Publikationen Adolf Herkners, eines der führenden Mitglieder des Vereins, mit den Problemen der Arbeitsfreude.[46] Max Weber selbst schrieb schon in der Einleitung zu seiner Darstellung der Lage der Landarbeiter in Ostelbien:

»Schon hier [bei der Darstellung des materiellen Standards] ist ein Außerachtlassen der subjektiven Momente unzulässig ..., es kommt nicht sowohl darauf an, wie hoch die Einnahmen des Arbeiters sich tatsächlich belaufen ..., sondern ob er und der Arbeitgeber sich dabei nach ihrer ... subjektiven Ansicht wohl befinden und warum nicht, welche Tendenz also den subjektiven Wünschen und Interessen beider Teile innewohnt, denn davon hängt ... die Zukunft ab.«[47]

Es ist bezeichnend für das starke Interesse der deutschen Soziographie gerade an dieser subjektiven Lage der untersuchten Bevölkerungsschichten, daß sogar eine so naive Erhebung wie Adolf Levensteins *Arbeiterfrage*[48] großen Eindruck machte.[49] Es sind dies die gesammelten Ergebnisse einer Enquete von 5040 eingegangenen Fragebogen, die sich vorwiegend mit dem Seelenleben des Arbeiters befassen. Trotz der zuweilen seltsamen Art der Fragestellung wie: »Gehen Sie oft in den Wald? Was denken Sie, auf dem Waldboden liegend, ringsumher tiefe Einsamkeit?« – enthält das mit großem Ernst geschriebene Buch eine Fülle interessanten Materials.

Damit sind wir freilich bei einem fühlbaren Mangel der Erhebung des Vereins für Sozialpolitik angelangt, die wie selten eine vorher, gerade auch die psychologischen Merkmale in den Erhebungsbereich einbeziehen wollte. Während die objektiven Daten über Alter, Herkunft, Lohnhöhe, Arbeitsleistung in aller Ausführlichkeit und Exaktheit beigebracht und verarbeitet sind, werden zum Beleg der psychologischen Aussagen lediglich Impressionen, bestenfalls einige aus dem Zusammenhang gerissene Zitate angeführt.

Hier waren in erster Linie die Methoden der Materialbeschaffung nicht zureichend. Um psychologische Daten von gleichwertiger Exaktheit wie Lohnlisten zu beschaffen, bedarf es ungleich systematischerer Beobachtungen, als sie von den Mitarbeitern dieser Erhebung durchgeführt wurden.

Und als weitere Folge dieser nicht zulänglichen Erhebungsmethoden konnte schließlich auch die Formulierung der Problemlösung nicht vollends gelingen. Den »Lebensstil«, also die charakteristische Gesamthaltung des modernen Industriearbeiters, hat die Erhebung des Vereins für Sozialpolitik nicht dargestellt. Die notwendige Totalität, die Max Weber in der Stellung des Problems großartig erkannt hat, scheint in der Lösung nicht auf. Wir werden, nach einem kurzen Überblick über die Soziographie in Amerika, im abschließenden Kapitel zeigen, wie die Lösung dieser Schwierigkeiten erst von Arbeiten der neueren Psychologie vorbereitet wird.

Der amerikanische Survey

Die Vereinigten Staaten sind ein Land, das mit ungewöhnlicher Geschwindigkeit besiedelt wurde und in dem durch den Zustrom immer neuer, nicht assimilierter Einwanderermassen Siedlungsgebilde entstanden, die eine Reihe schwieriger sozialtechnischer Probleme aufwarfen. Sozialpolitische Tendenzen in den achtziger Jahren des vorigen Jahrhunderts hatten vor allem wegen des Fehlens jeder zentralen Sozialpolitik zur Folge, daß man mit großem soziographischen Apparat eine Übersicht über diese Gebilde zu gewinnen versuchte. Daraus entstand die spezifisch amerikanische Form der Soziographie: der Survey, die Totalübersicht.[50] Es ist der Versuch, ein verhältnismäßig enges Gebiet, das ursprünglich geographisch, späterhin auch nach seinem Problemkreis abgegrenzt ist, von möglichst vielen Seiten mit verschiedenen Methoden darzustellen.

Aber trotz dieser ausgeprägten Tendenz zur Totalübersicht lassen sich an der Entwicklung des amerikanischen Surveys ähnliche Stadien nachweisen, wie sie die europäische Soziographie durchschritten hat. Es werden zunächst die Zahlen der allgemeinen Verwaltungsstatistik, die meist in den einzelnen Ressorts getrennt gesammelt werden, miteinander in sinnvollen Zusammenhang gebracht. Bevölkerungsziffern, Wohnungsverhältnisse, Berufsschichtung, Krankheit, Kriminalität, Wahlergebnisse werden zu der sozialen Einheit, der sie ursprünglich entstammen, wieder zusammengefügt, um ihre wechselseitigen Zusammenhänge aufzuzeigen. Die ersten Städte-Surveys beschränken sich im wesentlichen auf diese Integration sozialer Merkmale. In diesen Surveys ist die sozialpolitische Tendenz noch sehr deutlich. An den großen Pittsburgh-Survey (1908) schloß sich eine ernste Auseinandersetzung über die häufigen Arbeitsunfälle in den Stahlwerken an.

Es ist kennzeichnend für die erste Stufe des Surveys, daß er in seiner ursprünglichen Form psychologische Probleme nur so weit behandelt, als sie in den Registern der Verwaltungsstatistik aufscheinen, z. B.: Ehescheidungen, Kriminalität usw. Die für den Survey erforderlichen Daten werden in der Hauptsache aus schon vorhandenen Materialien zusammengestellt. Die direkte Erhebung im Survey-Gebiet, das Interview, der Hausbesuch usw. knüpfen zunächst an die Erhebungsmethoden der Fabrikinspektoren an und werden erst in späteren Untersuchungen systematisch erweitert. Schon der Springfield-Survey (März bis Juli 1914) zeigt hier einen Fortschritt.

Es darf zwischendurch auf den auffallenden methodischen Zusammenhang der angelsächsischen Soziographie mit der Ethnologie hingewiesen werden. Insbesondere die Arbeiten von Rivers hatten nachhaltige Wirkung.

Die Technik des Surveys entwickelt sich dann in folgender Richtung: Die Darstellung beschränkt sich nicht mehr auf die Integration bereits gesammelter Daten. Die oben angedeutete Erweiterung der Erhebungsmethoden bringt eine größere Freiheit in der Auswahl der relevanten Merkmale. Indem der soziale Prozeß nicht mehr nur dort erfaßt wird, wo er mit dem Verwaltungsapparat in Berührung kommt, sondern durch die selbständigen Erhebungsmethoden ein detaillierter Überblick über den Gesamtablauf (biographisches Material usw.) gewonnen wird, ist die Auswahl der Probleme nicht an zufällig vorhandene Daten gebunden; aus dem reicheren Fond lassen sich diejenigen Merkmale auswählen, die dem Problemgebiet adäquat sind. Zugleich werden auch sog. psychologische Merkmale in den Darstellungsbereich einbezogen.

Derjenige Survey, der weit über die Fachkreise hinaus Beachtung fand, war *Middletown*[51], der Survey einer kleinen amerikanischen Stadt: Muncie im Staat Indiana. Von den früheren Surveys unterscheidet diese Untersuchung zweierlei: der Fortschritt in der Erhebungstechnik und daher eine reichere Darstellungsmöglichkeit des Lebens in dieser Stadt. Er verbindet mit großer Kunst Gesamtüberblicke mit zuweilen sehr lebensnaher Darstellung des Familienlebens, der Schule usw. Anschaulich etwa ist die Bemerkung, daß es zwei Zentren des Familienlebens in Middletown gibt: das Speisezimmer und das Auto (S. 176). Zugleich aber bedeutet *Middletown* einen Rückschritt: das Fehlen jedes Zusammenhangs mit sozialpolitischen Problemen, das schon durch die Anonymität der untersuchten Stadt betont wird, ist dem Survey zum Verhängnis geworden. Trotz seiner scheinbaren Vollständigkeit gibt er nur ein Bild der gesunden Oberschicht der Stadt; von Krankheit, Verbrechen und Selbstmord, kurz von allen Zerfallerscheinungen der Stadt, die den Ausgangspunkt der alten Surveys bildeten, wird in *Middletown* wenig berichtet.

Neben den vorwiegenden statistischen Surveys hat sich in den Vereinigten Staaten eine zweite Form des Surveys herausgebildet, der von der Soziologie und Sozialpsychologie herkommt und auf zahlenmäßige Verarbeitung seines Materials kein oder nur geringes Gewicht legt. Dafür ist hier jene analytische, auf ein bestimmtes Problem hinzielende Auswahl und Zusammenfassung der relevanten Merkmale weit stärker ausgeprägt. Das erste und bisher in seiner Monumentalität kaum erreichte Werk dieser Art ist die fünfbändige Untersuchung *Der polnische Bauer in Europa und*

Amerika, von W. I. Thomas, dem Chikagoer Soziologen, und von Florian Znaniecky.[52] Das Werk spielt in der Entwicklung der amerikanischen Soziographie eine ähnliche Rolle wie die im vorhergehenden Abschnitt angeführte Untersuchung des Vereins für Sozialpolitik in der deutschen. An Hand von 15 000 Briefen und anderem biographischen Material wird der Zerfall der ursprünglichen polnischen Bauernfamilie dargestellt, der unter dem Einfluß der städtischen Wirtschaft und Kultur und der Abwanderung nach Übersee eintritt.[53]

Dadurch, daß das Verhalten der einzelnen Bauern in wechselnden Situationen verfolgt wird: im Heimatdorf, in der Stadt, in Amerika, versuchen die Verfasser, dynamische Gesetze abzuleiten. Der für die Psychologie so fruchtbare Gedanke, daß das Verhalten bestimmt ist durch das Zusammenwirken der individuellen Haltung (»attitude« und »value«) mit der jeweiligen Situation, wird hier anhand von konkretem Material demonstriert.

Auch eine Reihe neuerer Arbeiten, etwa Thrashers Survey über den Chikagoer *Gang*[54] oder die Untersuchung H. W. Zorbaughs *The Gold-Coast and the City-Slum,* verzichten auffallend weitgehend auf statistische Verarbeitung ihres Materials. Daneben aber hat gerade die quantifizierende Soziographie, der statistische Survey, außerordentliche Fortschritte gemacht. Indem möglichst alle Beobachtungen zahlenmäßig dargestellt werden sollten, kam man vielfach zu neuartigen, anschaulichen Zahlenreihen und Indizes. Einige Beispiele mögen das erläutern:

Es wird z. B. zur Charakteristik von Holzfällern im Nordwesten der Union folgende Tabelle über Gesprächsthemen angeführt: Pornographie 23 Prozent, Selbsterlebtes, Arbeit 11 Prozent, Kritik am Bestehenden 8 Prozent usw.[55] Über den Inhalt der Zeitungsberichte, deren Objekt Neger sind und damit offenbar über Wandlungen der öffentlichen Meinung, sollen folgende Zahlen Aufschluß geben (gemessen wird die Zahl der Druckzeilen in Prozent[56]):

Man errechnet für die Kriminalität einzelner Städteviertel Indizes aus der Geschlechter-Disproportionalität der Einwohner, aus Bodenpreisen, Miete und Bevölkerungsabnahme[57] oder einen Index für die Intensität der Zugehörigkeit zu einer Organisation aus Zeitaufwand, Funktion usw.[58]

C. C. Zimmermann untersuchte die Stellung, die 345 verschie-

	1918	1928
Politik	12,0	3,0
Kultur	3,7	14,9
Sensationen	56,8	52,7
Sport	6,0	18,3
anderes	21,5	11,1
	100	100

dentlich ausgesuchte Farmer zu landwirtschaftlichen Genossenschaften und zu Fragen der Zollpolitik einnehmen.[59] Die Erhebung wurde in Form von Recherchen durchgeführt und ergab unter anderem folgendes: Die Gegnerschaft zur landwirtschaftlichen Genossenschaft ist eine Funktion des Alters und des Einkommens der betreffenden Farmer: Am stärksten ist sie in der Gruppe der Farmer, die über 60 Jahre alt sind oder ein Einkommen über 5000 Dollar haben.

Man mißt Zu- und Abneigungen, soziale Distanz[60], Konfliktgefahren usw., und wenngleich hier zuweilen des Möglichen zuviel geschieht, so hat doch diese messende Soziographie weit über die Vereinigten Staaten hinaus beträchtliche Anregungen gegeben.

Übersieht man die amerikanische Soziographie als Ganzes, dann werden drei Hauptgruppen von Problemen deutlich sichtbar:

Die Großstadt, die Lage der Farmer (»Rural Sociology«) und ihre Beziehungen zur städtischen Bevölkerung sowie schließlich die Fragen der Einwanderung, der Assimilation, die vor allem mit den Großstadtproblemen eng zusammenhängen. Daneben werden auch Organisationsprobleme der Familie und der Kirche untersucht. Doch gibt es kaum ein Gebiet sozialer Problematik, mit dem sich die amerikanische Soziographie nicht schon in der einen oder anderen Form beschäftigt hätte. Das Hauptzentrum der amerikanischen Soziographie ist gegenwärtig Chikago: dort wird vor allem die Technik des Städte-Surveys weiterentwickelt. Daneben spielen die Universität Südkalifornien und, für die Rural Sociology, kleinere Universitäten im Mittelwesten eine Rolle. Der außerordentliche Umfang der Soziographie rührt nicht zuletzt von einer eigentümlichen Beschränkung der Sozialwissenschaften in den Vereinigten Staaten her, die in diesem geschichtslosen Land, in dem es nur für die Ethnologen historische Arbeit gab, sehr bald ihren ganzen Apparat der Soziologie der Gegenwart zur Verfügung stellen konnte.[61]

Es fällt auf, daß in den Vereinigten Staaten die soziale Frage nicht eigentlich im Vordergrund des soziographischen Interesses steht, sondern nur im Rahmen der angeführten Problemkreise aufscheint.[62] Die bis vor kurzem relativ große Unbeständigkeit geographischer und sozialer Schichtung und die damit verbundene größere Chance des Aufstiegs haben die längste Zeit das Problem des Klassengegensatzes gegen die »Mobility« scheinbar zurücktreten lassen; diese geographische und soziale Beweglichkeit war immer wieder Gegenstand ausführlicher soziographischer Untersuchungen (vgl. z. B. Sorokin-Zimmermann, *Social Mobility*).

Allerdings liegt in der außergewöhnlichen Entwicklung der amerikanischen Survey-Technik mit ihren »Clipping Bureaus« für Zeitungsausschnitte, ihren oft bis ins einzelne festgelegten Formen des »Interviews«, ihrer »Research-Clinic« und vielen anderen großzügigen Einrichtungen eine gewisse Gefahr der Erstarrung dieser Survey-Maschinerie.[63] Denn es ist kaum verkennbar, daß auch der amerikanischen Soziographie die Synthese zwischen der Statistik und dem Inventar der Merkmale noch nicht vollends geglückt ist. Dort, wo die adäquate Begriffsbildung ihren Höhepunkt erreicht, etwa im *Polnischen Bauern*, fehlt die Statistik völlig – und die statistischen Surveys lassen zuweilen einen bedenklichen Schematismus erkennen.

Der Beitrag der Psychologie

Wir sind in unserer Betrachtung des Fortschritts der soziographischen Methoden nun beinahe am vorläufigen Ende angelangt. Wir konnten zeigen, wie sich in wechselvollen Auseinandersetzungen schließlich Züge herausgebildet haben, die zum festen Bestand der modernen Soziographie gehören: Die Auswahl der relevanten Merkmale nach bestimmten, vorgegebenen Problemen und ihre Zusammenfassung zum Gesamtbild mit Hilfe der von der mathematischen Statistik entwickelten Verfahren. Nur eine Schwierigkeit tauchte hierbei immer wieder auf. So sehr sich fast alle sog. materiellen Daten und in den amerikanischen Surveys auch schon einfachere psychologische Daten der statistischen Bearbeitung fügten, so schwierig war es, komplexere psychologische Merkmale in das statistische Gesamtbild einzubeziehen. Für die Frage Max Webers z. B. nach dem Lebensstil einer sozialen Gruppe, nach der Gesamtpersönlichkeit ihrer Mitarbeiter waren die groben Formulierungen der Moralstatistik nicht mehr ausreichend.

Es war der neueren Psychologie vorbehalten, das Rüstzeug der Soziographie so weit zu ergänzen, daß sie heute als in sich abgeschlossene und selbständige Methode bezeichnet werden kann. Eine radikale Erweiterung der zulässigen Kategorien und eine Reihe moderner Untersuchungsmethoden, die beide in ganz anders gerichteter Forschung bei den Psychologen entstanden waren, hat diese letzte Wendung ermöglicht.

Es ist erstaunlich, daß gerade in den neuesten repräsentativen amerikanischen Surveys die Synthese aller Methoden, die so sichtbarlich in der Entwicklung der amerikanischen Erhebungstechnik angelegt war, nicht zum Durchbruch kommt. Der Grund scheint uns in der spezifischen Psychologie zu liegen, auf die sich die Amerikaner gegenwärtig stützen: wir meinen den Behaviorismus. Wohl kam von ihm eine Neubelebung beider entscheidender Wurzeln der Soziographie: In Jennings *Verhalten der niederen Organismen* (1905) war das Prinzip des Inventars mit einer intellektuellen Gründlichkeit verwendet worden, deren Wirkung weit über frühere Ansätze dieser Art hinausging; Watson und seine Schüler hatten die statistische Abzählbarkeit zur Voraussetzung jeder psychologischen Aussage gemacht. Aber die Verbindung zwischen den beiden Wegen war nicht gelungen. In seltsam enger Auslegung seines eigenen Grundprinzips beschränkte sich der Behaviorismus anfangs auf die Erfassung elementarer Bewegungseinheiten und ließ der Forschung nur die Wahl, entweder auf die Heranziehung komplexerer Kategorien zu verzichten oder sie nach der alten halbliterarischen Weise zu behandeln.

Ein wesentlicher Fortschritt kam hier durch die Arbeiten des Wiener Psychologischen Instituts, insbesondere durch die entwicklungspsychologischen Untersuchungen Charlotte Bühlers. Hier wurden statistische Methoden auf komplexe psychologische Tatbestände angewandt.

Sie untersucht beispielsweise das Verhalten verschiedenaltriger Kinder in der Spielsituation. In einer der hierbei verwendeten statistischen Tabellen finden sich folgende Spiel-Kategorien: »Keine Aufgabe – Nach- und Mitmachen – Festumschriebene Aufgabe – Aufgabe mit Spielraum bei der Durchführung.« Es gelingt unschwer, zahlenmäßige Zusammenhänge dieser Kategorien mit dem Alter der Kinder nachzuweisen.[64] – Oder sie unterscheidet in den Briefen Humboldts drei Arten von Äußerungen über sein eigenes Leben: »Unspezifische – spezifische – auf ein Ergebnis gerichtete.« Es zeigt sich, daß drei aufeinanderfolgende Phasen von Humboldts Leben durch ein Vorherrschen je einer dieser Äußerungsarten bestimmt sind.[65]

Hatte sich solches Vorgehen vielfach bewährt, dann war hier vorbereitet, was die Soziographie noch gebraucht hat: die zahlenmäßige Zusammenfassung komplexer Verhaltens- und Äußerungsweisen. Oder, um mit einer kleinen Wendung den Anschluß an die in den früheren Kapiteln aufgezeigte Entwicklungslinie zu finden: durch diese Psychologie wurde der Bereich der Kriterien, die der Soziographie zur datenmäßigen Beschreibung sozialer Phänomene zur Verfügung standen, so erweitert, daß es prinzipiell nur eine Frage der Geschicklichkeit des Forschers wurde, auch komplexere Tatbestände exakt zu beschreiben.

Man kann den Fortschritt, der damit gegeben war, am besten durch einen Vergleich früherer Untersuchungen über die Wirkungen der Armut mit der Untersuchung *Kindheit und Armut*[66] von Hildegard Hetzer, einer Schülerin Charlotte Bühlers, ersehen. Bemerkenswert ist die Fülle der charakterisierenden Daten, die hier, allein für das proletarische Kind, beigebracht werden: Sprachformen, Arten der Materialbeherrschung, Arten des sozialen Kontaktes und vieles andere stehen als Kriterien zur Verfügung. Vgl. z. B. die Statistik über den Inhalt der Armutserlebnisse von Kindern und Jugendlichen.[67]

Aber nicht nur die verfügbaren Kriterien, sondern auch die Technik der Sammlung dieses Materials ist durch die Psychologie entscheidend gefördert worden. Gerade weil die Psychologie, als sie über die bloße Erlebnisanalyse hinausging, vor der Notwendigkeit der Materialbeschaffung stand, wurde sie beispielgebend für die einschlägigen Lösungsversuche.[68] Die Verwendung biographischen Materials, von

Tagebüchern, Briefen usw., wurde systematisch erweitert.

Daneben wurde die Erhebungstechnik selbst wesentlich verfeinert. Schon in der zitierten Erhebung des Vereins für Sozialpolitik hatten einzelne Mitarbeiter, um nicht aufzufallen, in dem zu untersuchenden Betrieb Arbeit angenommen. Diese Technik des unauffälligen Beobachtens, durch Übernahme einer Funktion in dem zu untersuchenden Bereich, wurde vielseitig ausgebildet. Auch eine eigene Technik des Fragebogens und des Interviews wurde geschaffen. Dort, wo sie nicht ausreichte, wurden Stützungsmethoden erfunden: Aufsätze nach der »Drei-Wort-Methode«[69], Testverfahren und zuweilen recht großzügige Quasi-Experimente.

So berichtet z. B. Andreas Walther in seiner auch sonst überaus instruktiven Schrift *Soziologie und Sozialwissenschaften in Amerika* (Karlsruhe 1927, S. 62), daß jemand, um unauffälligen Kontakt mit Negern zu bekommen, die Leitung eines eigens von ihm errichteten boarding-house für Neger übernahm. Überhaupt bedarf es wohl kaum besonderer Betonung, daß die amerikanische Soziographie viele Elemente dieser Erhebungstechnik selbständig, zuweilen in ungewöhnlicher Vollendung, entwickelt hat.

Insbesondere die Jugendpsychologie hat derartige Methoden in großer Zahl entstehen lassen, offenbar weil hier die Gewinnung von psychologischem Material besonders schwierig ist. Man kann sich nicht mehr mit der reinen Beobachtung wie beim Kleinkind begnügen und darf noch nicht mit der Bereitschaft zur Selbstanalyse rechnen.[70] Überhaupt hat die ungewöhnliche Mannigfaltigkeit der Erhebungstechnik sehr bald die großen Vorzüge einer »kombinierenden Methode«[71] hervortreten lassen; sie fördert die Reichhaltigkeit des Materials und die Möglichkeit seiner Kontrolle.

Es ist im Rahmen dieser Skizze nicht möglich, auch nur annähernd die Fülle von Einzeluntersuchungen zu zitieren, die auf diese Weise entstanden sind. Stellenweise haben sie sich zu ganzen Systemen verdichtet, wie z. B. die Personen- und Umweltforschungen des Hamburger Psychologischen Instituts, die Untersuchungen der Wiener und Berliner Fürsorgepsychologie, die pädagogische Milieukunde, die Wiener Familienforschung.[72]

Im allgemeinen handelt es sich hier um Einzelstudien in relativ engen Untersuchungsbereichen. Doch zeigt sich auch schon in ihnen der große Vorteil, der durch die Merkmalserweiterung und die verfeinerte Materialbeschaffung gewonnen ist. Zunächst ist das Max Webersche Problem der sozialen Stilanalyse seiner Lösung näher gebracht.

Als Beispiel seien etwa einige Daten über den proletarischen Käufer zusammengestellt, die sich aus ganz verschiedenen, in Wien durchgeführten marktpsychologischen Untersuchungen ergeben. Man bekommt aus ihnen ein drastisches Bild davon, wie der unbemittelte Konsument unbeweglicher, weniger aktiv, gehemmter in seinem Verhalten ist als der bemittelte. Der Radius der Geschäfte z. B., die um die Wohnung oder die Arbeitsstätte herum als Kaufort in Betracht kommen, ist bei ärmeren Schichten immer kleiner. Sie halten sich viel häufiger an dasselbe Geschäft (beim Kauf von Konfektionskleidern sinkt z. B. die Stammkundschaft von 17 Prozent bei Arbeitern bis auf 7 Prozent in den Mittelstandskreisen). Ihre Eßgewohnheiten sind starr, im Sommer und Winter gleich (es sinken z. B. wesentliche Saisonschwankungen des Konsums von Teigwaren im Haushalt von 40 Prozent im gehobenen Mittelstand auf 20 Prozent in Arbeiterkreisen). Und mit dieser Gehemmtheit geht das Interesse an den nicht unbedingt nötigen Details verloren; so werden an die verschiedenen Waren weniger Einzelforderungen in bezug auf Ausführung, Darbietung usw. gestellt, so sinkt der Anteil der Geschenkschokolade am Schokoladekauf mit der sozialen Schicht usw.

Zugleich aber entsteht nunmehr die Möglichkeit, auch komplexere Verhaltensweisen dem statistischen Gesamtbild einzufügen. Jetzt erst wird es möglich, den zahlenmäßigen Zusammenhängen der einzelnen Daten auf breitester Grundlage nachzugehen. Damit ist der Quêteletsche Gedanke einer die Gesamtheit des sozialen Geschehens umfassenden quantifizierenden Soziographie seiner Vollendung näher gebracht, und zugleich ist die grundsätzliche Überwindung der herkömmlichen Moralstatistik vollzogen.

Man denke etwa an Busemanns Untersuchungen über den Zusammenhang von Schulleistungen und Stellung in der Geschwisterreihe bzw. der Arbeitslosigkeit der Eltern oder an Lazarsfelds Feststellungen über die Korrelation der Berufswahl der Kinder mit Beruf der Eltern, ökonomischer Lage usw.[73]

An dieser Stelle ist nun auch unsere Untersuchung über

Marienthal einzureihen. Wir haben versucht, alle jene Methoden, die sich bewährt haben, zu verwenden, und haben sie bewußt zu einer Einheit verbunden, die als in sich geschlossener soziographischer Versuch bezeichnet werden darf. Die Lücken, die unser Ergebnis aufweist, liegen, wie uns scheint, nur mehr in der Unzulänglichkeit der materiellen Mittel und der Kräfte des einzelnen. Im Prinzip haben wir keine Stellen mehr gefunden, an denen nicht die exakte Erfassung des Tatbestandes möglich wäre oder wo wir nicht wenigstens angeben könnten, welcher Weg dazu einzuschlagen wäre.

Diese Überzeugung hat sich uns bei allen anderen einschlägigen Untersuchungen, die wir in den letzten Jahren in Angriff genommen haben, befestigt. Denn der Marienthaler Versuch ist nur ein Teil eines Programmes, das in größerem Umfang die Ergebnisse der Psychologie in den Dienst gesellschaftswissenschaftlicher Probleme stellt und von diesem Dienst her die Wissenschaft selbst bereichern will.

Das Psychologische Institut Wien hat eine eigene »Österreichische Wirtschaftspsychologische Forschungsstelle« ins Leben gerufen, um in Verbindung mit den Nachbarwissenschaften, den öffentlichen Körperschaften und den wirtschaftlichen Stellen diesem Ziel nachzugehen. Die ersten Ergebnisse sind eine Reihe von psychologischen Marktuntersuchungen (vgl. den kurzen Sammelbericht: Lazarsfeld, *Neue Wege der Marktforschung. Berichte der Berliner Industrie- und Handelskammer,* Oktober 1932), eine umfangreiche Studie an den Wiener Volkshochschulen: Lotte Radermacher, *Zur Sozialpsychologie des Volkshochschulhörers, Z. f. a. Ps.* 1932, über Freizeitverwendung (in Verwendung der Freizeit): Gertrud Wagner, *Über Freizeitverwendung* (in Vorbereitung) und eine große Erhebung über die Stellung der österreichischen Bevölkerung zum Radiosender (Auszug in Radio Wien), November 1932.

1 *Soziologie und Statistik*, Berlin 1912.

2 Die ganze Breite der Bühlerschen Arbeiten ist dem deutschen Leser jetzt zugänglich in den *Theoretischen Grundbetrachtungen* in ihrem neuen Buch *Der menschliche Lebenslauf als psychologisches Problem*, Göttingen 1959.

3 Einer meiner beiden Mitarbeiter ist jetzt in den Vereinigten Staaten ein Hauptvertreter dieser Reintegration. Als Professor der Soziologie an der Law School der Universität von Chicago hat Hans Zeisel die Verantwortung für eine Reihe von Untersuchungen, von denen gerade der erste Band erschienen ist: Zeisel et al., *Delay in the Court*, Boston 1959.

4 Mirra Komarowsky, *The unemployed man and his family*, Dryden 1940.

5 Paul Lazarsfeld, *Jugend und Beruf*, Jena 1931.

6 R. K. Merton, *Social Theory and Social Structure*, 2nd edition, Glencoe 1958.

7 *Portrait of the Underlog*. Diese Arbeit zusammen mit zusätzlichem Material, vor allem das von Herbert Hyman, findet man am leichtesten in einer Sammlung von Artikeln über *Class Status and Power*, herausgegeben von Bendix und Lipset, Glencoe 1953.

8 Dieses Institut verwaltet große Summen von Regierungsgeldern, die an verschiedene Universitäten für Sozialerhebungen weitergegeben werden. Die Aufgabe der begrifflichen Koordination wurde in charakteristischer Weise Dr. Jahoda zugewiesen und durchgeführt in *Current Concepts of Positive Mental Health*, Basic Books, 1958.

9 Ich kann mich nicht eines Ausdruckes von regressivem Lokalpatriotismus enthalten. Vor drei Jahren machte die Ford Foundation eine Erhebung darüber, welche Arbeiten in den letzten 25 Jahren von amerikanischen Fachkollegen als die wichtigsten angesehen werden. Eine Tabulierung zeigte, daß an erster Stelle Autoren genannt wurden, die in Wien ihre Ausbildung erhalten hatten.

10 Die Verleger sind der Reihenfolge nach: Princeton University Press, Free Press und Van Nostrand.

11 In einem der letzten Hefte der *Kölner Vierteljahreshefte* schrieb von Wiese eine großmütige Rezension der *Marienthaler Studie*. Er bemerkte mit Bedauern, daß er mit seinen Studenten nur kleine Beobachtungen machen konnte, während die Wiener Wirtschaftspsychologische Forschungsstelle offenbar reich genug sei, ihre Studien auf einer breiten Front durchzuführen. In Wirklichkeit sind viele der in der Einleitung genannten Seitenuntersuchungen von freiwilligen Hilfskräften durchgeführt worden, und das ganze Marienthaler Budget betrug in heutiger Währung kaum 1500 Mark. Was wir aber hatten, war ein Stab von geschulten jungen Leuten, die wir aus gelegentlichen kommerziellen Marktuntersuchungen unterstützen konnten. In diesem Sinne improvisierten wir in Wien den »Apparat«, der jetzt in den Vereinigten Staaten unter dem Namen »project« weitverbreitet und umstritten ist. Von Wiese konzipierte seine Arbeiten nur im Rahmen der existierenden akademischen Institutionen, und, soviel ich weiß, ist das noch immer die führende Tradition in Deutschland. In Frankreich unterstützt die Regierung eine Reihe von soziologischen Instituten außerhalb der Universitäten; das führt dort zu interessanten Problemen, die Bourricaud und Stoetzel in ihren Referaten in Stresa ausführlich berichtet haben.

Anmerkungen zur Einleitung

1 Das gesammelte Material wog ca. 30 kg.

2 Unterdessen hat Busemann den Einfluß der Arbeitslosigkeit auf die Schulkinderleistung geprüft und ist zu Ergebnissen gekommen, die mit unseren Beobachtungen sehr gut übereinstimmen.

Anmerkungen zu Das Industriedorf

1 1 Schilling entspricht z. Z. dieser Erhebung etwa der Kaufkraft von RM 0,50. Vgl. die Preise einiger wichtiger Lebensmittel.

2 Sofern nichts anderes angegeben ist, beziehen sich alle Daten dieser Erhebung auf den 1. Januar 1932 als Stichtag.

Anmerkungen zu Der Standard

1 Vgl. das wiedergegebene Haushalt-Budget.

2 Die Österreichische Wirtschaftspsychologische Forschungsstelle hat eben jetzt eine Untersuchung über die Rolle, die der Kaffee in der Ernährung der minderbemittelten Volksklassen spielt, durchgeführt. Es ergab sich hierbei die eigentümliche Doppelbedeutung des Kaffees als Nahrungsmittel, das zugleich noch deutlich als Genußmittel empfunden wird und deshalb gerade in den ärmsten Schichten im Mittelpunkt des Speisezettels steht.

3 Vgl. das wiedergegebene Haushalt-Budget.

4 Als die Mutter aus Familie 81 mit ihren drei Kindern in die ärztliche Sprechstunde kam, erfährt man, daß die Kinder Eßschwierigkeiten haben. Die Mutter jammert, daß sie von dem Wenigen, das man ihnen bieten kann, noch einen guten Teil stehen lassen. Nach der Meinung des Arztes hängen die Eßschwierigkeiten der Kinder mit der Vitaminarmut der Nahrung zusammen, was allerdings auf Grund dieser vereinzelten Fälle nicht ohne weiteres entschieden werden kann.

5 F = Frühstück, M = Mittag, J = Jause, N = Nachtmahl.

6 Vgl. Kapitel: *Die Widerstandskraft.*

Anmerkungen zu Die müde Gemeinschaft

1 Zentralorgan der Sozialdemokratie Deutsch-Österreichs, das durch die stärkere Ausdehnung des politischen Teils und sein allgemeines intellektuelles Niveau ziemlich große Anforderungen an den Arbeiter-Leser stellt.
Auch die katholischen Vereine, von denen wir keine genauen Daten erhalten konnten, weil sich immer auch Besucher aus der bäuerlichen Umgebung einfinden, weisen nach Angaben einiger katholischer Funktionäre bei ihren Veranstaltungen einen eingeschränkten Besuch aus Marienthal auf.

Anmerkungen zu Die Zeit

1 Der Name des Kaufmannes.

2 Man vergleiche damit den Zeitverwendungsbogen, den ein arbeitender Wiener Metalldreher ausfüllt:

6-7 Aufstehen, Waschen, Frühstück,

7-8	mit der Elektrischen in die Fabrik, auf der Fahrt Zeitung gelesen, Beginn ½8 Uhr,
8-12	Fabrik,
12-13	eine halbe Stunde Mittagspause, im Betrieb geblieben, Mitgebrachtes gegessen,
13-16	Fabrik,
16-17	mit der Elektrischen nach Hause, Zeitung zu Ende gelesen, gewaschen, Jause,
17-18	am Sofa gelegen, mit der Frau über verschiedenes gesprochen,
18-19	die Kinder vom Spielplatz abgeholt,
19-20	Nachtmahl,
20-21	Sektionsabend (Zahlabend D. V.) der politischen Partei,
21-22	(leer),
22-23	nach Hause, schlafen gegangen.

Der Tag des Arbeitslosen dauert 13½ Stunden, der des Arbeiters 17 Stunden. Man vergleiche nur einmal die Freizeit des Arbeiters nach achtstündiger Arbeit mit dem freien Tag des Arbeitslosen. Ungleich reicher und lebendiger sind diese wenigen, sorgfältig eingeteilten Mußestunden, als die vielen, zwangsweise freien des Arbeitslosen.

3 Der Fluß, der durch den Ort fließt.

Anmerkung zu Die Widerstandskraft

1 Die Lebensgeschichten sind hier möglichst wortgetreu nach stenographischem Protokoll wiedergegeben. Der Vorgang war im allgemeinen so, daß wir erst erzählen ließen, nur mit einer Frage eingriffen, wenn große Zeiträume übergangen wurden und erst am Schluß der Erzählung Fragen stellten.

Anmerkungen zu Zur Geschichte der Soziographie

1 London 1691. Neudruck in *The Economic Writings of Sir William Petty*, edited by Ch. H. Hull, Cambridge 1899.

2 *Farmer Letters*, London 1767. *A Tour in Ireland*, London 1780.

3 Vgl. G. Schnapper-Arndt, *Vorlesungen über Sozialstatistik*, Frankfurt 1908, S. 378 ff.

4 *General View of the Agriculture of the County of Sussex* (1793).

5 *The State of the Poor or the History of the Labouring Classes in England* (1797).

6 Vgl. z. B. *The Reports of the Society for Bettering the Conditions and Increasing the Comforts of the Poor*, London 1798 ff.

7 Die wichtigsten dieser Berichte (»Reports«) an das Parlament sind: *Über die Verhältnisse in den Fabriken* (1833) – *Über die irischen Armen in Großbritannien* (1835) – *Über die Gesundheitsverhältnisse in den Städten* (1840) – *Über Kinderarbeit* (1863-67) – *Über das Truck-System* (1870-72) – *Über Schwitzarbeit* (1880-90) und der große Bericht *On Labour* (1893-97).

8 Children's Employment Commission, 4th Report, 1865, S. XXV ff. (zit. bei Marx, *Das Kapital.* Volksausgabe, Bd. I, S. 208).

9 Ebenda, 5th Report, 1886, S. 55 (zit. ebenda).

10 Leipzig 1845.

11 Wir werden in einem der nächsten Abschnitte zeigen, daß die methodische Klärung dieser Auswahl von relevanten Merkmalen nach soziologischen Problemstellungen (»Sinnzusammenhängen«) der entscheidende Beitrag Max Webers zur Soziographie war.

12 Die Untersuchung begann 1886 mit Erhebungen in East-End, dem Proletarierviertel von London, und wurde fortlaufend in den Jahren 1889-1897 publiziert.

13 B. Seebohm Rowntree und Bruno Lasker, *Unemployment, a Social Study*, London 1911.

13a *Livelyhood and Poverty.*

14 A. Bowley and Hogg, *Has Poverty diminished?*

15 H. L. Smith, A. Bowley, W. Beveridge, *The New Survey of London Life and Labour*, 1925.

16 Über den historischen Zusammenhang der messenden Wissenschaften mit der Struktur unserer Wirtschaftsordnung vgl. Otto Bauer, *Das Weltbild des Kapitalismus*, in: *Der lebendige Marxismus*, Jena 1926.

17 *Physique sociale.* Deutsche Ausg. Jena 1914, Bd. 1, S. 141.

18 A.a.O., S. 143.

19 Quêtelet gibt hierzu eine Versuchsanordnung, a.a.O., S. 143.

20 A.a.O., S. 224.

21 *On the Bills of Mortality*, London 1682.

22 *Essai philosophique sur les probabilités.*

23 *Soziale Physik* (deutsch) Jena 1914, Bd. 1, S. 107.

24 München 1928.

25 *Les Ouvriers Européens*, 2ème ed. Bd. I, S. 224.

26 Vgl. A. Reuß, *Frédéric Le Play in seiner Bedeutung für die sozialwissenschaftliche Methode. Arch. f. exakte Wirtschaftsforschung*, Bd. 5 (1913), S. 277.

27 *Les Ouvriers Européens*, S. 26.

28 Ebenda, S. 123.

29 Schnapper-Arndt, *Gesammelte Aufsätze.*

30 Leipzig 1883.

31 *Compte-rendu des traveaux de congrès général de statistique à Bruxelles, le 19-22 janvier 1853*, Brüssel 1853. S. 157 ff.

32 E. Ducpétiaux, *Budgets économiques des classes ouvrières en Belgique*, Bruxelles 1855.

33 *Zeitschrift f. d. Büro d. königl. sächs. Ministerium d. Innern*, Nr. 8 u. 9, 22. November 1857.

34 Abgedruckt im *Fifteenth Annual Report of the Bureau of Labour of Massachusetts*, Boston USA 1923.

35 *Principles of Expenditure of Farm Incomes. Proceedings of the American Sociological Society*, Bd. 22, S. 219, u. ders., *The Family Budget as a Tool of Sociological Analysis. Am. Journal of Soc.*, Bd. 32 (1928), S. 901.

36 Vgl. über die einschlägigen Probleme die knappe Zusammenfassung von S. Peller, *Aufgaben und Methodik der Erhebungen über Massenernährung*, in: *Zeitschrift f. Ernährung*, Bd. I. S. 247, Leipzig 1931.

37 Vgl. unsere Bemerkungen zu Engels, *Lage der arbeitenden Klasse in England*, und die dort eingefügte Fußnote.

38 Vgl. A. v. Lengerke, *Die ländliche Arbeiterfrage*, Berlin 1849, S. 113 und 285.

39 *Schriften des Vereins f. Sozialpolitik*, Bd. 13 (1877).

40 Bde. 133-135 der *Schriften des V. f. Sozp.* 1910.

41 Abgedruckt in: *Gesammelte Aufsätze zur Soziologie und Sozialpolitik*, Tübingen 1924, S. 1 ff.

42 Max Weber, a.a.O., S. 1.

43 Max Weber, a.a.O., S. 37.

44 Max Weber, *Der Sinn der ›Wertfreiheit‹ der soziologischen und ökonomischen Wissenschaften*, abgedruckt in: *Gesammelte Aufsätze zur Wissenschaftslehre*, Tübingen 1922, S. 474. Einen selbständigen Weg, auf den jedoch hier nicht näher eingegangen werden kann, ist im Hinblick auf die Auswahl der zu untersuchenden Probleme Leopold v. Wiese (»Beziehungslehre«) gegangen. Darüber hinaus sind unter seiner Leitung eine Reihe interessanter soziographischer Arbeiten entstanden, z. B. *Das Dorf als soziologisches Gebilde* (München 1928). Auch hält v. Wiese durch seine in den *Kölner Vierteljahresheften für Soziologie* regelmäßig erscheinenden Berichte über die soziographische Weltliteratur den wichtigen Kontakt der deutschen Soziographie mit dem Ausland aufrecht.

45 Max Weber, *Methodologische Anleitung* usw., S. 147.

46 *Die Bedeutung der Arbeitsfreude in Theorie u. Praxis der Volkswirtschaft*, Dresden 1905.

47 *Schriften des V. f. Sozp.*, Bd. 5 (1892), S. 6.

48 München 1912.

49 Vgl. seine anerkennende Erwähnung in Herkners Standardwerk *Die Arbeiterfrage*, 6. Aufl. 1916, Bd. I, S. 24 ff.

50 Der sozialpolitische Ursprung des amerikanischen Surveys zeigt sich auch darin, daß die von der »Charity Organization Society« im Jahre 1898 gegründete sozialpolitische Zeitschrift den Namen *Survey* erhielt.

51 *Middletown. A Study in contemporary American Culture.* By Robert S. Lynd and Helen M. Lynd, New York 1929.

52 Chicago, 1918. Es ist das erstemal, daß biographisches Material in größerem Umfang für soziographische Untersuchungen verwendet wird.

53 Chicago 1927.

54 Chicago 1929.

55 Robert Marshall, *Contributions to the Life History of the North-Western Lumberjack. Am. Journ. of Soc.* 1924.

56 G. E. Simpson, *Negro News in the white Newspapers of Philadelphia. Proceedings of the Am. Sociol.*, Bd. 25.

57 F. W. Burgess, *The Urban Community.*

58 *Family Life and Rural Organization, Proc. of the Am. Soc.*, Bd. 23, S. 146.

59 *Types of Farmer Attitude. Soc. Forces*, Bd. 5, S. 591, und *A Report on Research in Rural Sociology at the University of Minnesota, Papers of the American Sociological Soc.*, Bd. 23 (1929).

60 Vgl. die Arbeiten L. L. Thurstones, z. B. *Attitudes Can be Measured. Am. J. of Soc.*, Bd. 33 (1928), S. 529.

61 Man vergleiche damit den überragenden Einfluß des Historismus in Deutschland.

62 So vor allem in den neueren Städte-Surveys.

63 So nennt, freilich ohne ironischen Beiklang, M. C. Elmer ein Kapitel seines Handbuchs *Technique of Social Surveys.*

64 Bühler-Hetzer, in *Ch. Bühler, Kindheit und Jugend,* 3. Auflage, Leipzig 1931, S. 234.

65 Vgl. Ch. Bühler, *Der menschliche Lebenslauf als psychologisches Problem,* Leipzig 1933.

66 Leipzig 1929.

67 A.a.O., S. 142.

68 Die hier verschiedentlich angedeutete Entwicklung der neueren Psychologie hat Karl Bühler in seiner *Krise der Psychologie* dargestellt und methodisch als »Drei-Aspekte-Satz« formuliert (Jena, 1929).

69 Vor allem von Ernst Lau in zahlreichen Arbeiten angewendet.

70 Die hier erfolgreichen Methoden sind zusammengestellt bei Paul Lazarsfeld, *Jugend und Beruf,* Jena 1932.

71 Lisbeth Franzen-Hellersberg, *Die jugendliche Arbeiterin,* Tübingen 1932. S. 6.

72 Eine Literaturübersicht von immerhin 627 Einheiten findet sich in dem von Adolf Busemann herausgegebenen *Handbuch der Pädagogischen Milieukunde,* Halle 1932. Vgl. auch die Beihefte der *Zeitschrift für angewandte Psychologie* sowie die Schriftenreihe *Psychologie der Fürsorge,* hrsg. v. Gertrud Bien, Charlotte Bühler und Hildegard Hetzer und die Untersuchungen von Alice Salomon und ihrem Kreis. – Bericht von Charlotte Bühler über die »Wiener Familienforschung« auf dem Internationalen Psychologenkongreß, Kopenhagen 1932. – In diesem Zusammenhang ist auch die schon durch die Art der Materialsammlung (die Beiträge wurden durch den Rundfunk abgefordert) bemerkenswerte Untersuchung Sir W. Beveridges zu erwähnen: *Changes in Family Life* (London 1932). Erinnert sei auch an die Untersuchung Henrik de Mans, *Der Kampf um die Arbeitsfreude,* Jena 1927.

73 Adolf Busemann, *Geschwisterschaft und Schulzensuren, Zeitschrift f. Kinderforschung,* Bde. 34, 35 (1928/29). Derselbe, *Die Wirkungen väterlicher Erwerbslosigkeit auf die Schulleistungen der Kinder,* ebenda, Bd. 40 (1932). Paul Lazarsfeld, a.a.O., S. 7 ff.

Bibliothek Suhrkamp

471 Wolfgang Schadewaldt, Der Gott von Delphi und die Humanitätsidee
472 Hermann Hesse, Legenden
473 H. C. Artmann, Liebesgedichte
474 Paul Valery, Zur Theorie der Dichtkunst
476 Erhart Kästner, Aufstand der Dinge
477 Stanisław Lem, Der futurologische Kongreß
478 Theodor Haecker, Tag- und Nachtbücher
479 Peter Szondi, Satz und Gegensatz
480 Tania Blixen, Babettes Gastmahl
481 Friedo Lampe, Septembergewitter
482 Heinrich Zimmer, Kunstform und Yoga
483 Hermann Hesse, Musik
486 Marie Luise Kaschnitz, Orte
487 Hans Georg Gadamer, Vernunft im Zeitalter der Wissenschaft
488 Yukio Mishima, Nach dem Bankett
489 Thomas Bernhard, Amras
490 Robert Walser, Der Gehülfe
491 Patricia Highsmith, Als die Flotte im Hafen lag
492 Julien Green, Der Geisterseher
493 Stefan Zweig, Die Monotonisierung der Welt
494 Samuel Beckett, That Time/Damals
495 Thomas Bernhard, Die Berühmten
496 Günter Eich, Marionettenspiele
497 August Strindberg, Am offenen Meer
498 Joseph Roth, Die Legende vom heiligen Trinker
499 Hermann Lenz, Dame und Scharfrichter
500 Wolfgang Koeppen, Jugend
501 Andrej Belyj, Petersburg
503 Cortázar, Geschichten der Cronopien und Famen
504 Juan Rulfo, Der Llano in Flammen
505 Carlos Fuentes, Zwei Novellen
506 Augusto Roa Bastos, Menschensohn
508 Alejo Carpentier, Barockkonzert
509 Elisabeth Borchers, Gedichte
510 Jurek Becker, Jakob der Lügner
512 James Joyce, Die Toten/The Dead
513 August Strindberg, Fräulein Julie
514 Sigmund Freud, Eine Kindheitserinnerung des Leonardo da Vinci
515 Robert Walser, Jakob von Gunten
517 Luigi Pirandello, Mattia Pascal
519 Rainer Maria Rilke, Gedichte an die Nacht

520 Else Lasker-Schüler, Mein Herz
521 Marcel Schwob, 22 Lebensläufe
522 Mircea Eliade, Die Pelerine
523 Hans Erich Nossack, Der Untergang
524 Jerzy Andrzejewski, Jetzt kommt über dich das Ende
525 Günter Eich, Aus dem Chinesischen
526 Gustaf Gründgens, Wirklichkeit des Theaters
528 René Schickele, Die Flaschenpost
529 Flann O'Brien, Das Barmen
533 Wolfgang Hildesheimer, Biosphärenklänge
534 Ingeborg Bachmann, Malina
535 Ludwig Wittgenstein, Vermischte Bemerkungen
536 Zbigniew Herbert, Ein Barbar in einem Garten
537 Rainer Maria Rilke, Ewald Tragy
538 Robert Walser, Die Rose
539 Malcolm Lowry, Letzte Adresse
540 Boris Vian, Die Gischt der Tage
541 Hermann Hesse, Josef Knechts Lebensläufe
542 Hermann Hesse, Magie des Buches
543 Hermann Lenz, Spiegelhütte
544 Federico García Lorca, Gedichte
545 Ricarda Huch, Der letzte Sommer
546 Wilhelm Lehmann, Gedichte
547 Walter Benjamin, Deutsche Menschen
548 Bohumil Hrabal, Tanzstunden für Erwachsene und Fortgeschrittene
549 Nelly Sachs, Gedichte
550 Ernst Penzoldt, Kleiner Erdenwurm
551 Octavio Paz, Gedichte
552 Luigi Pirandello, Einer, Keiner, Hunderttausend
553 Strindberg, Traumspiel
554 Carl Seelig, Wanderungen mit Robert Walser
555 Gershom Scholem, Von Berlin nach Jerusalem
559 Raymond Roussel, Locus Solus
560 Jean Gebser, Rilke und Spanien
561 Stanisław Lem, Die Maske · Herr F.
563 Konstantin Paustowskij, Erzählungen vom Leben
565 Hugo von Hofmannsthal, Das Salzburger große Welttheater
567 Siegfried Kracauer, Georg
568 Valéry Larbaud, Glückliche Liebende ...
569 Rainer Maria Rilke, Liebesgedichte
570 Graciliano Ramos, Angst
571 Karl Kraus, Über die Sprache
572 Rudolf Alexander Schröder, Ausgewählte Gedichte
575 Theodor W. Adorno, Berg
578 Georg Kaiser, Villa Aurea

816 Rainer Zoll, Der Doppelcharakter der Gewerkschaften
817 Bertolt Brecht, Drei Lehrstücke: Badener Lehrstück, Rundköpfe, Ausnahme und Regel
818 Gustav Landauer, Erkenntnis und Befreiung
819 Alexander Kluge, Neue Geschichten. Hefte 1-18
820 Wolfgang Abendroth, Ein Leben in der Arbeiterbewegung
821 Otto Kirchheimer, Von der Weimarer Demokratie zum Faschismus
822 Verfassung, Verfassungsgerichtsbarkeit, Politik. Herausgegeben von Mehdi Tohidipur
823 Rossana Rossanda / Lucio Magri u. a., Der lange Marsch durch die Krise
824 Altvater/Basso/Mattick/Offe u. a., Rahmenbedingungen und Schranken staatlichen Handelns
825 Diskussion der ›Theorie der Avantgarde‹. Herausgegeben von W. Martin Lüdke
826 Fischer-Seidel, James Joyces »Ulysses«
827 Gesellschaft, Beiträge zur Marxschen Theorie 7
828 Rolf Knieper, Weltmarkt, Wirtschaftsrecht und Nationalstaat
829 Michael Müller, Die Verdrängung des Ornaments
830 Manuela du Bois-Reymond, Verkehrsformen zwischen Elternhaus und Schule
832 Herbert Claas, Die politische Ästhetik Bertolt Brechts vom Baal zum Caesar
833 Peter Weiss, Dramen I
834 Friedensanalysen 2
835-838 Bertolt Brecht, Gedichte in 4 Bänden
839 Géza Róheim, Psychoanalyse und Anthropologie
840 Aus der Zeit der Verzweiflung. Beiträge von Becker/Bovenschen/Brackert u. a.
841 Fernando H. Cardoso/Enzo Faletto, Abhängigkeit und Entwicklung in Lateinamerika
842 Alexander Herzen, Die gescheiterte Revolution
845 Ror Wolf, Die Gefährlichkeit der großen Ebene
847 Friedensanalysen 3
848 Dieter Wellershoff, Die Auflösung des Kunstbegriffs
849 Samuel Beckett, Glückliche Tage
850 Basil Bernstein, Beiträge zu einer Theorie
851 Hobsbawm/Napolitano, Auf dem Weg zum ›historischen Kompromiß‹
852 Über Max Frisch II
853 Brecht-Jahrbuch 1976
854 Julius Fučík, Reportage unter dem Strang geschrieben
856 Dieter Senghaas, Weltwirtschaftsordnung und Entwicklung
858 Silvio Blatter, Genormte Tage, verschüttete Zeit
860 Gombrich/Hochberg/Black, Kunst, Wahrnehmung, Wirklichkeit
861 Blanke/Offe/Ronge u.a., Bürgerlicher Staat und politische Legitimation. Her-

ausgegeben von Rolf Ebbighausen
863 Gesellschaft, Beiträge zur Marxschen Theorie 8/9
864 Über Wolfgang Koeppen. Herausgegeben von Ulrich Greiner
866 Fichant/Pêcheux, Überlegungen zur Wissenschaftsgeschichte
867 Ernst Kris, Die ästhetische Illusion
868 Brede/Dietrich/Kohaupt, Politische Ökonomie des Bodens
870 Umwälzung einer Gesellschaft. Herausgegeben von Richard Lorenz
871 Friedensanalysen 4
872 Piven/Cloward, Regulierung der Armut
873 Produktion, Arbeit, Sozialisation. Herausgegeben von Th. Leithäuser und W. R. Heinz
874 Max Frisch/Hartmut von Hentig, Zwei Reden zum Friedenspreis des Deutschen Buchhandels 1976
875 Eike Hennig, Bürgerliche Gesellschaft und Faschismus in Deutschland
878 Leithäuser/Volmerg/Wutka, Entwurf zu einer Empirie
879 Peter Bürger, Aktualität und Geschichtlichkeit
880 Tilmann Moser, Verstehen, Urteilen, Verurteilen
881 Loch/Kernberg u. a., Psychoanalyse im Wandel
882 Michael T. Siegert, Strukturbedingungen von Familienkonflikten
883 Erwin Piscator, Theater der Auseinandersetzung
884 Politik der Subjektivität. Texte der italienischen Frauenbewegung, Herausgegeben von Michaela Wunderle
885 Hans Dieter Zimmermann, Vom Nutzen der Literatur
886 Gesellschaft, Beiträge zur Marxschen Theorie 10
887 Über Hans Mayer, Herausgegeben von Inge Jens
888 Nicos Poulantzas, Die Krise der Diktaturen
890 Bergk/Ewald/Fichte u. a., Aufklärung und Gedankenfreiheit. Herausgegeben und eingeleitet von Zwi Batscha
891 Friedensanalysen 5
895 Umberto Eco, Zeichen. Einführung in einen Begriff und seine Geschichte
898 Cohen/Taylor, Ausbruchversuche. Identität und Widerstand
902 Ernest Borneman, Psychoanalyse des Geldes
904 Alfred Sohn-Rethel, Warenform und Denkform
906 Brecht-Jahrbuch 1977
907 Horst Kern, Michael Schumann, Industriearbeit und Arbeiterbewußtsein
908 Julian Przybós, Werkzeug aus Licht
910 Peter Weiss, Stücke II
913 Martin Walser, Das Sauspiel mit Materialien. Herausgegeben von Werner Brändle
916 Dürkop/Hardtmann (Hrsg.), Frauen im Gefängnis
920 Tagträume vom aufrechten Gang. Sechs Interviews mit Ernst Bloch, Herausgegeben von Arno Münster
925 Friedensanalysen 6
954 Elias/Lepenies, Zwei Reden. Theodor W. Adorno-Preis 1977
955 Friedensanalysen 7

Alphabetisches Verzeichnis der edition suhrkamp